箸はすごい

Chopsticks: A Cultural and Culinary History

著 エドワード・ワン
訳 仙名紀

Author
Q.Edward Wang

Translater
Osamu Senna

柏書房

CHOPSTICS
by Q. Edward Wang

Japanese translation published by arrangement
with Cambridge University Press through The
English Agency (Japan) Ltd.

口絵1　中国・四川省の新石器時代の文化遺跡から出土した、動物の骨で作られた匙（提供＝重慶中国三峡博物館）

口絵2　中国・江蘇省にある龍虬荘の新石器時代文化遺跡で発掘された、動物の骨で作られた箸（提供＝揚州博物館）

口絵3　骨製の箸。手前の2本は、龍虬荘遺跡の低地で発見された（提供＝揚州博物館）

口絵４　レンガ壁に彫られた絵。中国で、古代から箸が使われていた様子が描かれている。紀元前1世紀ごろ（出典＝『中国画像磚全集』）

口絵5　古代中国の食事風景。低い卓に料理が並べられ、その前で人びとは床にすわっている。1世紀から3世紀ごろのレンガ壁画（出典＝『中国歴代芸術：絵画編』）

口絵6　魏から晋の時代に描かれたレンガ壁のフレスコ画。箸を料理道具として使っている。3世紀から5世紀ごろ。中国ゴビ砂漠北西部、甘粛省・嘉峪関から20キロの地点

口絵7　木製の盆に載った、漆塗りの皿と竹の箸。漢時代の紀元前2世紀ごろの、馬王堆漢墓遺跡から出土

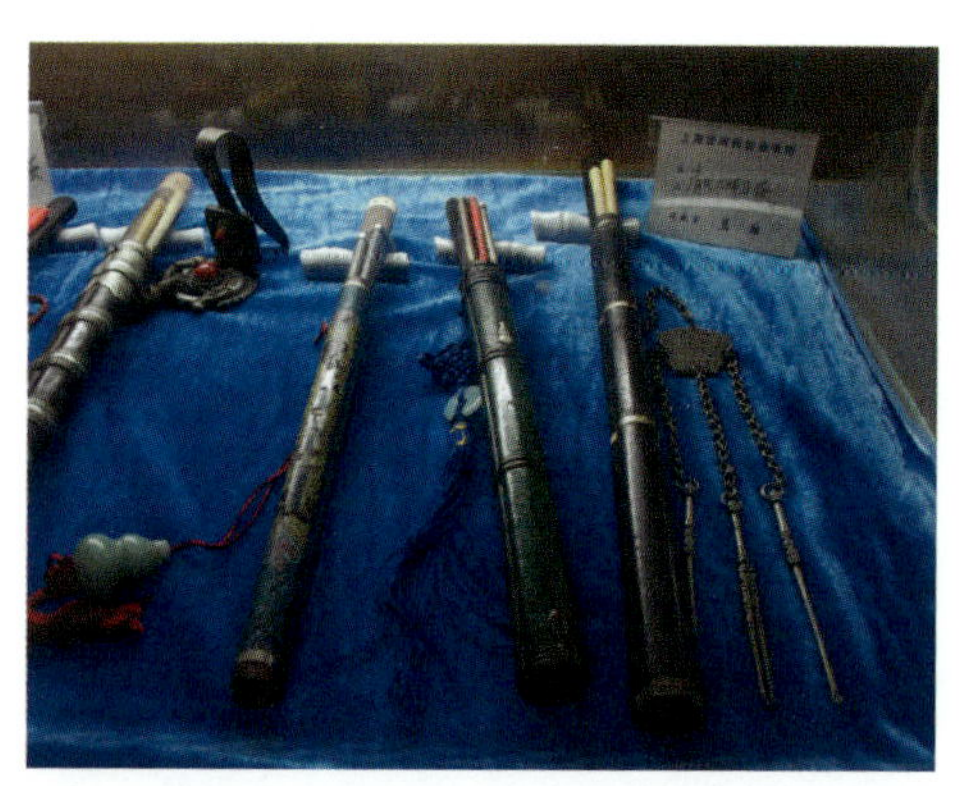

口絵9　満州族は、箸とナイフ・フォークを併用することが多かった。これらは、17世紀から19世紀ごろのもの（提供＝上海の藍翔氏所有の個人コレクション）

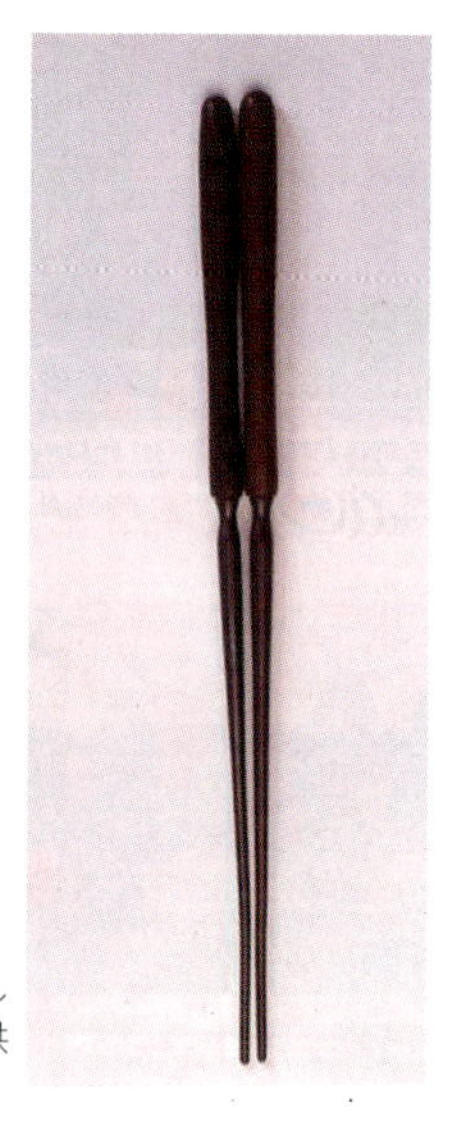

口絵8　江戸時代の火箸。木炭を動かして、火勢を調節した。食事道具以外の用途に、箸が利用されている例（提供＝江戸東京博物館）

口絵10　テント小屋での飲食風景。中国・唐時代、仏教が盛んだった敦煌（とんこう）の洞窟に描かれたフレスコ画（出典＝『敦煌石窟全集』）

口絵11　屋外の遊興。唐時代の壁画で、人びとは箸を使い、床ではなくベンチにすわっている。8世紀ごろ（出典＝『大唐壁画』）

口絵12　画家・趙佶（北宋の第6代皇帝・徽宗、1082-1135）が絹地（184.4cm×123.9cm）に描いた「文芸集会」（提供＝国立故宮博物院）

口絵13　顧閎中の 970 年ごろの作品「韓熙載夜宴図」（部分）。参会者は個別に椅子にすわって食事している。のちに見られる合食風景ではない。絹地（28.7cm × 335.5cm）に描かれたもの

口絵14　中国・北宋時代（960-1127）の墓の壁画。家庭内の合食風景。趙夫妻が、高い卓と高い椅子で食事中。合食の原点は家族内の食事で、10世紀以降は会食者が増える（出典＝『中国墓室壁画全集：宋遼金元』）

口絵15　13世紀の金王朝時代の家族の食事風景。合食方式が、中国全土に広まっていたことが明らかだ（出典＝『中国墓室壁画全集：宋遼金元』）

口絵16　箸を持つ美人を描いた歌川国芳（1798-1861）の浮世絵「今様五しき合　赤」。日本では、7世紀から箸になじむようになった

口絵17　18世紀に中国を訪れたヨーロッパ人の旅行者が描いた、箸を使っている中国人たちの食事風景。題は、「馬子たち」。（出典＝ウィリアム・アレグザンダー、ジョージ・ヘンリー・メイスン共著『18世紀中国の風景』）

口絵19　「アメリカにおける最近の大流行——ニューヨークの中華料理店での食事」。1910年ごろにレスリー・ハンターが描いた作品で、「グラフィック」誌に1911年に掲載された（個人蔵）

口絵18　西太后の肖像。19世紀末。卓上に箸（個人蔵）

口絵20　日本の弁当箱に包み込まれている、小ぶりな箸

口絵21　日本の「夫婦箸」。彩色されているものが多い。夫用がやや長く、やや地味かげん。妻用がいくらか派手

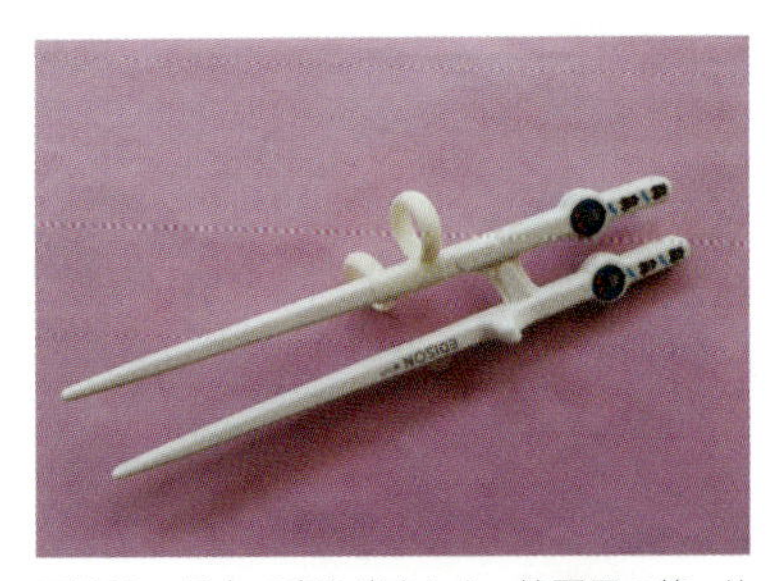

口絵23　日本で考え出された、練習用の箸。幼い子どもが輪に指を通して動かし、コツを覚える

口絵22　日本の「お祝い箸」。両端が細く、中央部が膨らんで丸い。それぞれの端を、人間と神が使い分けるという考えに基づいている。祝日やお祝いのときに使われる

口絵24　カモ肉入りのそばを、日本の箸で食べる

口絵26　香港の店に並んだ、中国の箸、箸置き、陶製の匙、各種の碗

口絵25　炊いたごはんを団子状に丸めて口に運べるので、箸はアジア各地で主要な食事道具にのし上がった

口絵28　中華料理をテイクアウトできる店では、使い捨て箸がついてくる

口絵27　日本の店で売られている、美しい塗り箸や、螺鈿の入った箸。贈りものとして喜ばれる

口絵29　中国・西安で、漢時代の装束と習慣に基づいておこなわれた、集団結婚式。それぞれのカップルが、箸と碗を持っている

箸はすごい

目次

はじめに……7

1　なぜ箸なのか。その起源と初期の役割……30

2　おかず、ごはん、麺――箸の役割変化……68

3　箸文化圏の形成――ベトナム、日本、朝鮮半島、そしてさらに広域に……105

4 箸の使い方、習慣、作法、礼儀……140

5 分かちがたい一対の箸——贈りもの、隠喩、象徴としての人気……176

6 世界の食文化に箸が橋渡し……210

まとめ……244

訳者あとがき……252

索引……257

日本	ベトナム
旧石器時代と新石器時代（縄文）	新石器時代
新石器時代 起源神話	新石器時代 青銅器時代
新石器時代（縄文） 弥生文化 起源神話	青銅器時代 鉄器時代 中国・漢による制圧
古墳時代 飛鳥時代 仏教の伝来	青銅器時代 鉄器時代 仏教の伝来 中国による長期の統治 食事道具の導入
飛鳥時代 奈良時代 平安時代 仏教の広まり 遣唐使 箸の導入 木の箸が出土	中国統治の継続
平安時代後期 鎌倉・室町時代 食事に箸が普及	中国統治の終焉
室町時代 日本の統一 江戸時代	独立時代 チャンパ統治に反抗する黎（れい）王朝

箸の歴史

年代	中国	朝鮮半島
紀元前4000年まで	初期の人類 新石器時代（仰韶文化） 農耕 骨の食事道具を発掘	新石器時代
紀元前4000年～ 紀元前1000年	夏、商（殷）、周の各王朝 甲骨文字/記号 青銅器時代/青銅食器	新石器時代 起源神話
紀元前1000年～ 紀元300年	周および春秋戦国時代 秦および漢王朝 シルクロード 儒教と老荘（老子と荘子）思想 主食は、北部でミレット類、南部でコメ 小麦粉食品の普及	青銅器時代 鉄器時代 中国・漢の軍事支配 初期三国時代
300～600年	漢王朝の崩壊 仏教の到来 南朝・北朝の時代 唐王朝 食事道具として箸と匙の併用時代	三国時代（高句麗、百済、新羅） 青銅製の匙と箸が出土
600～1000年	唐王朝 仏教の広がり シルクロード 北部では小麦とミレット類が主食、南部ではコメ 唐の崩壊	統一新羅時代 高麗時代 食事道具の導入
1000～1450年	宋王朝 遼王朝 晋王朝 西夏王朝 ベトナムのチャンパ米を導入 モンゴル族が制圧して元を建国 宋明理学（新儒教） 明王朝 合食制に人気 箸が唯一の食事道具に	高麗王朝 李氏朝鮮王朝 宋明理学（新儒教） モンゴルによる制圧 肉の消費増加 金属食事道具の隆盛
1450～1850年	明王朝 清王朝 陶器製の散り蓮華（れんげ）	李氏朝鮮王朝 日本の侵略に中国・明と李氏朝鮮が対抗 匙と箸が食事道具のセットに

箸文化圏が広がる東アジア

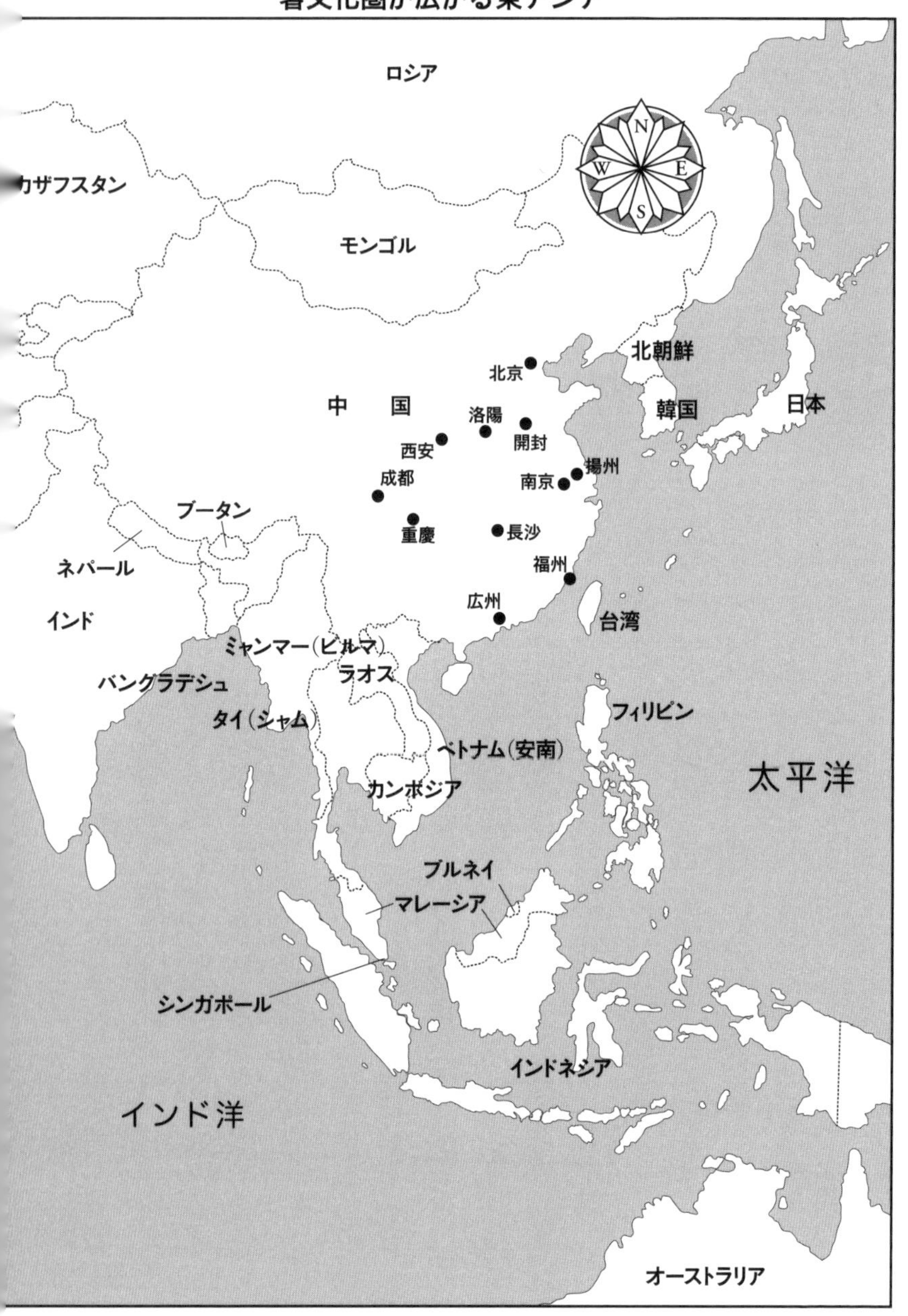

はじめに

世界で毎日、一五億人あまりの人びとが食事道具として箸を使っている。しかし、その箸の歴史を古代から現在までたどった英文の書物は、これまで一冊もなかった。この本では、以下の三点を解き明かそうと思う。

①箸はどのようにして、なぜ使われるようになったのか。しかも食習慣として、なぜ数世紀にもわたって、アジアを中心に定着し、さらに広がっているのか。

②箸という食事道具が、料理にどのような影響を与えてきたのか。あるいは逆に、料理

が箸に適合するように変化してきたのか。特定地域の食物の変化が、食事道具の選択と変遷にどのような影響を与えたのか。

③箸の文化的な意味を検証し、それが箸文化圏の各国にどのような影響を与えてきたのか。

箸は基本的には食事道具だが、それ以外の意義も数多くある。箸の歴史を調べていくと、深い文化的な意味合いが込められていることに気づく。

何世紀にもわたって、世界のなかでもアジアの箸利用者はユニークな存在だった。日本の箸研究者である一色八郎(一九二二〜九五)は、世界の食事方法を三つに分けた。①箸文化圏、②中東、南アジア、東南アジアの一部に多い「手食派」、③ヨーロッパ、南北アメリカ、オーストラリアなどの「フォーク・ナイフ派」だ。アメリカの歴史家リン・ホワイト(一九〇七〜八七)も、この三分法を支持している。箸圏の分布は中国を中心に朝鮮半島、日本列島、東南アジアの一部、モンゴルのステップ地帯、チベット高原まで広がっている。この数十年、世界的にアジア料理が広まっているおかげで、箸利用者の範囲は広がりを見せている。本来は箸文化圏でない地域にも、箸が浸透してきた。世界各地にある中華料理店やアジア料理店では、非アジア系の客も箸を試したがるし、箸使いに習熟している者も少なくない。伝統的に右手を使う手食だったタイやネパールでも、箸の使用が一般化してきた。

箸の常用者は、単に惰性的な習慣で使っているだけではなく、食事道具としての箸にはさまざまなメリットがあることに気づいている。ロンドン在住で和食に関する英語の本を何冊も出している公子（きみこ）バーバーの著作に、『箸によるダイエット――和食のレシピで簡単に減量』（二〇〇九）がある。彼女によると、和食は洋食と比べればおおむねヘルシーだが、それは食べものの内容もさることながら、食べ方にも関わってくるという。「箸で食事するとペースが落ちるので、結果的に食べる量が減る」とのことだ。メリットは、それだけではない。箸のおかげでゆっくり食べるようになり、食事時間が二〇分も余計にかかるため、「食べものについて、またそれがもたらす喜びも嚙みしめることになる」。いわば、箸を使うことによって、食べものに感謝し、グルメになるという。

まだほかにも、メリットはある。「箸文化圏」という表現を編み出した一色八郎によれば、「手の使い方と脳とは密接な関係があるため、箸は（ほかの食事道具と比べて）手の動きを器用にするだけではなく、とくに子どもたちの脳の働きも活発にする」。このような見方は、一色だけに限ったわけではない。*

＊原注＝向井由紀子、橋本慶子『箸』（法政大学出版局）も、「子どもは箸の練習をすることによって、運動能力を高める」と記している。

科学者たちも、箸をつねに使っていることが器用さの向上に貢献しているかどうか、実験に取り組んでいる。心理学者は、子どもが箸使いに習熟すれば、自分で食べる独立心の強い姿勢に貢献するかどうかを調べている。どちらの場合も、プラスの結果が出ている。だが、子どもの運動能力を高める効果がある一方で、終生、箸を使っている老齢者のなかには手の関節炎を起こしかねないリスクがある、と指摘する論文もある。

箸を常用することのメリット、あるいはデメリットになりかねない諸点について科学的に解明することは、意味があるに違いない。だが当面、私は歴史家の立場から、自ら設定した三つの点について考察を進めていく。つまり、歴史的に見て、あるいは考古学的な観点から、箸の利用にはどのような利点があり、あるいは不利な点があったのか、に重点を置く。箸が社会的にどのような意味合いを持ち、文学的なシンボルとして引用され、文明的な工芸品、宗教的な側面も担って、多面的な機能を果たしてきたかを、文学作品、伝承、宗教的な資料を通じて見ていく。

箸は数千年にわたってアジアで使われ続けてきた道具だから、有用なものであることは十分に実証されている。箸を使いこなすためには、訓練も必要だ。箸文化圏では、たいてい幼少のころから練習を始める。最近では西洋文化が浸透して、アジア諸国でもフォークとスプーンの使用が増えているし、西欧ふうのレストランに行く機会も増加した。したがって、アジアの若者は箸使いが下手になっている、という指摘もある。むかしは家庭内で伝統的な箸使いを教えていたのだが、最近は我流でやっているのでエレガントさに欠ける気味がある。そうはいっても、西欧ふうの食事道具に完全に移行してしまった地域と比べると、箸文化圏では箸の習慣がしっかり根づいていて、日常生活で欠かせない道具になっている。それどころか、ほかの地域からやってくる人びとに箸体験をさせようと試みる。たいていの食事場所では、箸しか置いてないのだから。箸の袋やテーブルマットに、使い方の説明が印刷されている場合もあり、チャレンジするよううながしている。

紀元前五〇〇〇年から

箸はいつごろ考案され、古代中国ではどのように使われていたのだろうか。考古学者たちによると、中国の新石器時代の遺跡からは、動物の骨を利用した箸の原型が出土している。つまり、少なくとも紀元前五〇〇〇年には箸が使われていたことになる。ただし当時の箸が食べものを口に運ぶだけの道具だったのかどうかは分からない。むしろ調理道具、ないしは食事道具との兼用だったとも考えられる。アジアの家庭では、いまでも箸は調理・食事の兼用でよく使われている。箸はこのように多目的で、便利な道具だ。食べものを煮るとき、箸はかき回したり混ぜたりするために使う。鍋から具をつまみ出すのも、同じ箸だ。はさんで口に運ぶ場合には、食事道具としての本来の役割を果たす。古代中国では箸がこのように両用で使われていたのだろう、と食物の研究者たちは推察している。歴史研究によれば、紀元前四世紀には、中国では箸などの道具を用いて食事するのが一般的で、手食は減っていたと思われる。少なくとも、それが望ましい形態だと考えられていたようだ。ひとたび箸が有用だと分かると、広く普及していった。中国やアジアの箸使用圏では、箸で食べものを口に運ぶのが文化的に進んでいると考えられ、この点は本書で繰り返し検証されることになる。その素地にあるのは、食べる前に煮炊きされ、熱いものを食べるという前提だ。古代中国の商(しょう)時代（紀元前一六〇〇〜一〇四六）は青銅器時代で、青銅の大釜や三本脚の鼎(かなえ)が広く使われていた。このような容器で煮えたぎった食べものを、手づかみすることはできない。この種の料理には汁気が付きものだから、手食は不可能だ。中国人はむかしから煮たものが好きだし、それを熱いうちに食べたがる。したがって、手以外の食事道具がぜひとも必要だった。なぜ中国人が熱い食品を好むようになったのか、まだ納得のいく説明は見つかっていない。ただし中国北部が寒冷地であることは疑いなく、夏以外は寒くて乾燥している。したがって、それは基礎要因だと言えるだろう。中国では古代から、「羹(かん)」というシチューふうの料理が好まれていた。当時はのちの時代と比べると肉の消費量が多く、冷めるとおいしくない、という事情があったためかもしれない。

いったん箸の利用が定着して日常文化に組み入れられると、周囲の地域にも広がり始めた。たとえば日本の場合、中国北部の熱い食品を食べる習慣を取り入れる必然性は必ずしもなかった。だが七世紀以後は、箸を導入した。ベトナムは中国より南に位置していて気温も湿度も高いが、やはり熱い食事を好み、箸を取り入れた。この両国が箸文化に染まったのは、中国の影響力の強さのためだと言えるだろう。ベトナムは一〇〇〇年にもわたって中国に支配されていたから、強い影響を受けた。ほかの東南アジア諸国は手食の習慣を変えなかったが、ベトナムだけは何世紀も前に箸を採用した。

匙のほうが先輩

では箸を導入した場合、必ず二本をペアで使ったのだろうか。そうとも限るまい。アジアの箸文化圏は五世紀ごろから存在しているが、この地域で食事道具として発明されたのは、箸だけではない。遺跡からは、柄杓(ひしゃく)のような匙(さじ)や、ナイフ、フォークも発掘されていて、いずれも調理や食事道具として使われていた。さらに考古学者の見解として教科書にも記されているが、箸はずいぶん早い時期から使われている。元祖の中国でも箸は最初に導入された食事道具ではないし、はじめから主流だったわけでもない。むしろ、匙のほうが先輩格だ。もう少し正確に言えば、短剣のような格好をした中国語で「匕」(あいくち＝合口)と呼ばれる道具だ。古代中国では、これが最も基本的な食事道具だった(口絵1)。

どうして、匙のほうが最初に重要な食事道具になったのだろうか。中国やアジアの食材を考えてみると、納得がいく。食の歴史の研究者は、主食の食材を二つに大別する。穀類と、それ以外だ。穀類のほうが重要だと思える。多くの地域で、コメ、小麦、キビ・アワ・ヒエなどのミレット類、トウモロコシなどを主な食材にしている。アジアも同様だ。中国語では、炊いた穀類はすべて「飯」だが、いまではほとんどが炊いたコメを指す。韓国語では「バプ」、日本では「ごはん」、ベトナム語では「コム」、中国語で「吃飯」と呼ぶ。意味は、みな同じだ。だが米飯とともに、穀類でないおかずも食べる(中国語では「菜」。俗語では、「ごはんを飲み下すもの」という意味で「下飯」とも言う)。

古代中国では、穀類の飯を口に運ぶのに、匙を使った(のちの時代には、匙は汁用になった)。箸は最初のうち、穀類以外の菜を食べるための道具だった。この二つをセットにして、「匕箸」と呼んだ。中国の文芸作品でも、長い間この呼称が使われた。匙のほうが語順として先に出てくることからも、飯が菜に先立って食べられるものであることを示している。匙と箸のセットは、朝鮮半島ではいまでも残っている。マナーとして推奨されているのは、穀類は匙で食べ、おかずを箸でつまむ。

だが朝鮮半島の場合は、エチケットや必然性からきたというよりも、文化的に決められたという感じが強い。なぜかと言えば、アジア全域でコメが人気のある主食になってから、食べものを食器から口に運ぶ道具としては、朝鮮半島以外の地域ではほぼ箸に一元化されているからだ。現在の韓国でも、家庭内など日常的には箸派が増えている。だが唐時代（六一八～九〇七）には、中国北部や朝鮮半島の主食はキビ・アワ・ヒエなどのミレット類だった。これら地域の、厳しい天候にも強い作物だったからだ。コメには粘り気があってまとまりやすいが、ミレット類はパサパサしている。ミレット類は粥状にして食べることが多いため、中国の祭事の指示にも、匙を使うほうが便利だと記されている。それに対して箸は、汁ものの具をつまみ出す補助具として便利だった。

主役は匙から箸へ

古代中国における箸の役割は副次的だった時代があったかもしれないが、それほど長続きはしなかった。その変化は、漢（かん）時代（紀元前二〇六～紀元二二〇）に起こった。小麦粉を原料にした、麺や餃子（ダンプリング）、薄餅（パンケーキ）などの食品に人気が出てきた。考古学の研究によって、中国

では古くから石臼などで穀物を粉に挽く技術があり、粉を練って細く切り、麺を作ってい
たことが分かっている。四〇〇〇年も前、中国北西部でミレット類を素材にした世界初の
麺が作られた、と思われている。漢時代の製粉に当たっては、人力のほかに動物も使われ
たようで、石臼はかなり普及していた。ミレット類のほか、中央アジアの影響で、小麦も
製粉されていた。中国ではそれまで、小麦はまるごと茹でていた。だが製粉することに
よって、小麦の利用価値はにわかに広がった。唐の末期（一〇世紀のはじめごろ）になると、
ミレット類の優位がゆらぎ始めてきた。
　薄餅や饅頭に加えて、麺と餃子はアジアをはじめ世界中で、きわめて人気のある食品に
なった。この二つには、匙より箸のほうが似つかわしい。言い換えれば、小麦粉食品の普
及に伴って、中国では一世紀ごろから匙の優位性が崩れ始めた。面白い符合だが、ヨー
ロッパではずっと時代が下がり、パスタが普及する一四世紀ごろから、人びとの間で
フォークが重用されるようになった。イタリア史によると、一一世紀の初頭にトルコの皇
女がヴェネツィアの高貴な富豪に嫁入りしたときにフォークを食卓の食事道具として持参
したのがはじまりだとされている。古代ローマ時代、フォークは調理道具だった。それが
広く使われるようになったのは、パスタが普及してからだ。ある研究によると、トルコで
はある時期、パスタを食べる際に、フォークとともに箸も使われていたという。いずれに

しても、ヨーロッパでは麺類を口に運ぶ際にフォークを用い、アジアでは箸を選んだ。箸文化圏は、従来の地域を越えて広まっていた。たとえばタイでは、麺を食べる際には箸を用い、それ以外の食品は手食ないしほかの道具を使っていた、という記述もある。

麺は、穀物食品に入る。だが麺だけを単独で食べることはまずなく、汁とか肉、野菜などを混ぜた食品として食べる。飯と菜、穀類と非穀類のように、分かちがたく結び付いている。餃子の場合は、肉と野菜のミンチを、薄い練り粉の皮でくるんだ混合食品で、長い歴史を持っている。これを箸で食べるとなれば、道具としては匙に勝るとも劣らない（口絵24）。

だが小麦粉食品の普及に伴って箸がもてはやされたのは、中国北部に限られていた。南部では、いにしえのころからコメを常食にしてきた。おそらく長い期間にわたって、ごはんもおかずも箸を使って食べてきたに違いない。宋（そう）の時代（九六〇～一二七九）には、中国北部でもコメの生産量が飛躍的に増えた。ベトナムからもたらされた、早稲（わせ）のおかげだ。稲作は、明（みん）の時代（一三六八～一六四四）にも増加し続けた。それが、朝鮮半島にも波及した。コメの消費量が増えるにしたがって、箸文化圏は広がりを見せた。一四世紀以降の歴史や文学の資料から判断しても、多くの人びとにとって、箸が唯一の食事道具になっていたことが読み取れる。その傾向はとくに中国では顕著で、それまでの箸・匙を併用する時代から脱却した。その理由についてはさまざまな解釈があるが、大きな原因として挙げられているのは、多くの人たちがともに食事をする共食の習慣が広まった点だ。家族ばかりでなく、大勢が四角い卓を囲んで食べる。穀類も非穀類も箸で食べる習慣が、箸文化圏で定着して広まった。匙を使うのは汁ものに限定されるようになり、デザインは簡素化された（口絵26）。以後は、中国でもベトナムでも日本でも、同じ状態が続いている。

コメの消費量が増加する状況と歩調を合わせて、中国やアジアではお茶を飲む習慣が広まり、これも箸の普及にひと役買った。茶の師匠は茶の香りだけを楽しんで欲しいと思ったに違いないが、一般人としては、茶請けが欲しかった。これは「小食」とか「点心」と呼ばれ、後者は食欲増進のアペタイザーと訳されている。お茶の人気が高まってきた唐時代（六一八～九〇七）の文献には、これらの単語が見られる。茶とつまみのセットは、それから何世紀もの間に膨らみをもって定着して今日に至っている。小皿の内容は、薄餅や、肉やエビ・魚の餃子だったりした。飲茶（ヤムチャ）は、世界中の広東料理の店で賞味できる。これは、箸で食べるに限る。アジアにあるホテルの酒家（レストラン）や喫茶室でも、最もよく使われている食事道具は箸だ（口絵19）。

調理段階で切り刻む

箸は普通の竹や木で作られたものであれば安価だから、アジアでは最も一般的な食事道具になっている。多目的に使えるし、階級の差別もない。実際には、金持ちは豪華な箸を使うが、機能には差がなく、だれにでも茶やつまみを楽しめる。このあとも触れるが、箸文化の広がりと共食の習慣は、中国でも近隣諸地域でも、おそらく社会の下層から始まったものだ。箸は、形式ばらず、気取らない食事道具だし、一般庶民の間で生まれた食習慣だと言える。それがやがて上流社会にも波及して高貴な人びとも使うようになった。朝鮮半島では祭事の場合は箸と匙を併用するが、身内の食事やふだんの会食では箸だけを使うので、食習慣の変遷を示す例だと思える。

では、かつて中国でも匙や箸と併用されていたナイフおよびフォークはどうなってしまったのだろう。現代になってから発掘された漢時代（紀元前二〇六〜紀元二二〇）の遺跡からは、調理・飲食の場面を石に描いた壁画と彫刻が何点か出土している。それを見ると、調理道具としてナイフやフォークが使われていたことが分かる。だが、食事道具ではなかった。中国やアジア諸国においては以後も同じで、ナイフ、フォーク、肉切り庖丁は調理段階では見当たるが、食卓に違った形で（再）登場するのは西欧の影響が出始めてからになる。

調理方法として注目されるのは、古代中国において、シチュー状の食べもの「羹(かん)」に人気があったという点だ。シチューとは一般論で言えば、さまざまな固形食品を液体に入れて煮えたぎらせ、グレービーやソースをかけて食べる料理だ。歴史的な文章や考古学研究によって分かっていることは、少なくとも漢時代の中国では、シチューの食材はあらかじめ切り刻み、ひと口サイズにして鍋に入れた。したがって肉切り庖丁は調理場だけで必要な道具で、食卓に出す必要はなかった。具は細かい断片だし、汁に浸かっているわけだから、拾い上げるにはフォークよりも箸のほうがやりやすい。

その逆の論理も、成り立ち得る。箸で食べやすいように、あらかじめひと口サイズに細かく切って調理したのだ、という説明だ。フランスの言語学者で文芸評論家のロラン・バルト（一九一五〜八〇）は一九六〇年代に日本を訪れ、まさにそのような視点から食物と箸の関係を次のように論じた。

小さな食材が、たっぷりと加えられている。細かく刻み込まれているために食べやすいうえに、素材のエッセンスが効果的に生かされる。東洋の食品と箸の調和ぶりは、単に機能的なだけでなく、道具としても優れている。素材が小さく刻まれているために箸でつまみやすいし、かつ箸で食べやすいように細かく刻んである。同じ動きを繰り返すことによって均一な食材が口に運ばれ、道具と調和する。

ロラン・バルトは食材が箸で口に運ばれる様子を克明に観察したうえで、自分が慣れ親しんでいるナイフ・フォークと比較して、次のように続ける。

食べものを切り分ける場合、われわれはナイフで切ってフォークで刺すが、箸は二本で料理を分離し、つまみ上げる。食品を、手荒くいたぶったりしない。野菜はやさしくほぐし、魚やウナギの場合も静かに皮や骨を分離する。このようにして、ナイフと違った手食に近い感覚で、食材のごく自然な分解方法を再発見する。最後に、おそらくこれが箸の最も優雅な機能だが、まるで両手を使うかのように、つまんで口に運ぶ。挟むのではなく、ごはんの下に滑り込ませて持ち上げて食べる。年季の入ったその手さばきは、アジア全域に共通している。そして、雪のように白いごはんという栄養源を碗から唇の内部に掻き込む。この箸使いの動作と箸の機能は、われわれのナイフと肉食の道具であるフォークに取って代わるものだ。箸という食事道具は、切り刻んだり切断するための用具ではない。手際よく簡略化された動作を伴って、食材の仕込みにも動員される。たとえば魚屋では、ウナギの生皮を剝ぐ殺し道具に金箸が使われる。だが箸の前では食べものはもはや獲物ではなく、荒々しく打ち負かした動物や魚の肉でもなく、調和の取れた食材に転化する。仕分けられた素材は食べやすく調理され、コメはミルクに変化する。口に含んだ食べものは、えも言われないおふくろの味で、しっかり栄養を与えながら食物としての的は外さない。

深く洞察していて、古代中国でなぜ、どのようにして箸が食卓における食事道具になっていったのかにも言及している。ロラン・バルトによれば、箸は「攻撃的な」道具ではなく、ナイフやフォークのように食物を「手荒く」は扱わない。このような見解を表明しているのは、バルトだけではない。一六世紀にアジアを訪れて箸による食事風景を見た多くのヨーロッパ人たちも似たような印象を受けていて、箸を巧みに操るのは、文明化された食事方法だと感じ入っている。

箸はナイフより文明的か

中国人自身も、箸文化を誇らしく思っている。イギリスの中国研究家で、オックスフォード大学で長い間教鞭を執っていたレイモンド・ドーソン（一九二三〜二〇〇二）は、次のように分析している。

文明人と野蛮人を区別する境界線など、あいまいなものだ。箸を使う人びとと、手づかみで食べる人間、のちにナイフとフォークという見劣りのする食事道具を使う人種との文明度の違いも明確ではない。

言うまでもないが、箸人種は中国だけに限られるわけではないから、箸文化圏のアジア地域ではどこでも、ナイフは厨房で使うだけで食卓には登場しない。思想家・孔子（紀元前五五一〜四七九）の弟子・孟子（紀元前三七二〜二八九）は、「教養ある年配の紳士たる君子」のしかるべき資質として、次のように述べている。

拒否の意向を表明しても、いっこうに差し支えない。あなたの姿勢は、善意から出たものなのだから。あなたが目にしたのはウシであって、ヒツジではないのだから。長上が動物に対して取るべきなのはこのような姿勢であり、動物が絶叫して死に至る姿を目撃したいわけではなく、生きている状態を確認したいのだから。惨殺の状況など、直視できない。だから、屠殺場や調理場からは遠ざかるべきだ。

このような見方が、伝統的なアジア料理において動物の肉が一般的に歓迎されない傾向の理由であるのかどうかは、定かではない。だが孟子が言うように「男子、厨房に入るべからず」という概念は、中国ばかりでなくアジア全体——少なくとも儒教の影響がある地域では——に、一種のことわざのように広まっている。この思想の延長として、肉は厨房でひと口サイズに細かく切り刻まれたうえで食卓に上る。これが孔孟の儒教思想で、それが仏教思想とあいまって、一世紀には中国で広く行き渡った。仏教では殺傷を禁じているため、動物の肉はめったに食卓には登場しなかった。プリンストン大学で中国史を講じていたフレデリック・モート（一九二二〜二〇〇五）は、次のように記している。

「肉は料理の主役ではなく、野菜の味付けをするソースのような役割にすぎない」

このような料理の伝統があったため、ナイフは何世紀にもわたって厨房だけで使われた。ナイフという相棒がなければ、フォークも出番がない。食卓で肉をナイフで切る際に、フォークは肉を押さえておく役割なのだから。

中国およびアジアの箸文化圏では、箸を使って食事するほうが、ほかの道具を使うより文明的だという自負が伝統的にあった。だが手食するか、あるいはなんらかの道具を用いるかの違いは、文明が洗練されているかどうかの程度問題ではなく、それぞれの文明の好みがカギを握っている。どのような食事道具を使うかの問題ではなく、どのようにして口に運ぶか、が分かれ目になる。どの食文化においても、優雅な食事マナーとがさつな食べ方との間には懸隔がある。その基準は、国や場所によって異なる。手食の場合、たいていは右手だけを使うことになっている。左手は不浄だ、とされているからだ。また右手にしても、親指、人差し指、中指の三本だけを使うのが上品な食べ方で、五本指で握ったりしてはならない。西欧流の食事マナーが導入されているところでは、食材——サラダ、スープ、メインディッシュ——の違いによって、食事道具を適宜、使い分ける。

箸に共通するマナー

箸が使われ始めてから何千年かが経過する間に、箸の持ち方、扱い方、優雅な使いこなし方など、しかるべきエチケットが自ずと形作られてきた。あるべきマナーは、箸文化圏の各地で、驚くほど共通している。持ち方の基本は、箸の太い側を持つのだが、下側にくる箸を親指の根元で押さえ、薬指と中指の間に置いて安定させる。上側の箸は、鉛筆を握るような感じで持ち、人差し指と中指で動かす。親指は、安定させるために添える。二本の箸を同時に操って食べものをはさみ、口に運ぶ。箸の持ち方が分かったら、次はつまみ方だ。箸は食器に盛られた食物のなかから欲しいものをほじくり出す道具ではないし、つまみにくい食材（たとえば、餃子）を後回しにするため脇にどけるためのものでもない。途中で食べものを落としたり、汁を垂らすのは、具合が悪い。箸は広く使われている道具だから、正しく、上手に使いこなすことが、アジアにおいては基本的なテーブルマナーだと言える。

食欲を減退させるような好ましくない食事中の行動は改善していこうとするから、マナーも時代とともに変わっていく。箸に関する作法も、同じく変化していく。そもそも箸が発明されて利用が広まったのは、食事をスムーズにおこなうことが共通の眼目だった。近代ヨーロッパでも、食卓で口や手を拭うために、食事道具のほかにナプキンが用意されるようになった。一六世紀になってヨーロッパ人がアジアにやってくるようになると、アジアの人びとはひと口サイズの小さな食材を用意し、手を汚さないように箸という道具を使って食べていることを知った。

だがどのような食事方法が洗練されているかについては、受け取り方に個人差があるし、文化によっても異なっている。箸文化圏では、箸からポロポロこぼす「涙箸」は眉をしかめさせるが、箸を常用する人たちはそのようにみっともない状況を避けようとして、さまざまな工夫をこらしてきた。たとえば、碗と口の距離を縮めることだ。中国人、日本人、ベトナム人は、碗を口の近くまで持ち上げてごはんを口に掻き込む。だが朝鮮の人びとや箸に慣れていないヨーロッパ人たちにとっては、このような場面はあまり洗練された様子には映らない。したがって韓国人は、米飯には匙を使いたがる。それに、匙はかつて祭事にも使われた歴史がある。

箸の使い方に上手下手の違いはあるかもしれないが、箸は必ず二本がペアで使われる。デザインや色彩、材質もさまざまで、文化のシンボルでもあったから、単なる食事道具にとどまらず、アジア各地の文学で隠喩としても用いられた。「分かちがたい」シンボルとして、「分かちがたい」というその特色のため、箸はむかしから贈りものによく使われた。アジア各地で結婚のお祝い品として人気がある。また愛情を分かち合うシンボルとして、若いカップルも契りを交わして一本ずつ持ち合うし、新婚さんのお祝いとしても喜ばれる。箸はアジアの結婚式においても、ときにかなり重要な役割を果たす。箸にまつわる民話や伝説的な恋物語も、数多くある。結婚式で、箸を使ったパントマイムが演じられることもある。作家や詩人も箸に思いを込めて、さまざまな表現をひねり出している。箸の素材も、社会的・政治的な意味合いを持つ。金持ちは、金・銀・象牙・ヒスイ・黒檀など、特殊な素材でできた高価な箸をステイタス・シンボルとして持ちたがる。だが象牙の箸に関しては、歴史的なエピソードもからんで、退廃とか腐敗のシンボルとも見られがちだ。ヒスイの箸は欠けやすいので、日常的に使われることはない。だが、文学作品にはよく登場する。ヒスイの箸は色や形もよく、女性の涙にたとえられる。

箸は長い歴史を持っているため、食事道具としてばかりでなく、さまざまに応用されて象徴的なニュアンスを帯びている。その点が、ほかの食事道具とは違った、ユニークな存在だ。ノーベル物理学賞（一九五七）を受賞した李政道は、箸と指の違いを、次のように考察している。

中国が戦国時代だった古い時代に、中国人は箸を発明した。簡単な道具でありながら、二本で使う箸は物理の梃子の原理を巧みに応用している。箸は、人間の指の延長だ。指でできることは、箸でもできる。しかもさらにすばらしいことは、高温のときでも零下のときでも、支障なく稼働できることだ。

箸は近年になって、大きな変容を遂げている。安くて長持ちするプラスチック箸が普及し、木や竹の箸を凌駕しつつあるが、金属製よりは木や竹製のほうが好まれる。箸の場合、頑丈さだけが取り柄ではない。使い捨て箸が好まれる時代には、耐久性はそれほど珍重されず、再利用には衛生上の難点や、消毒のめんどうくささが伴う。そのため、アジア全域でも世界的にも、安い材木や竹を使った割り箸が流行している。プラスチック箸や使い捨て箸の普及が、世界的に箸が広まるうえでは貢献していて、アジア料理、とくに中華料理に人気が出ている（口絵28）。したがって、箸文化圏は世界中に広がりつつある。しかしプラスチック箸や使い捨て箸が急増しているため、環境問題がクローズアップされている。だが世界で最古の食事道具である箸は、これからも利用者を増やしていくと思われる。

1 なぜ箸なのか。その起源と初期の役割

羹（スープ、シチューなどの汁もの）が野菜中心のものであれば、箸を使って食べるべきだ。だが野菜が入っていなければ、その限りではない。

ミレット類の穀物（キビ、アワ、ヒエ）を食べるときは、箸を使ってはならない。（『礼記』）

一九九三年四月五日、中国社会科学院・考古研究所の発掘チームは、江蘇省高郵市にある新石器時代の龍虬荘遺跡で一連の発掘作業をおこなった。一九九五年一二月までに四か所の発掘を終えたが、最後に取り組んだのが一三三五平方メートルの発掘現場だった。遺

跡は紀元前六六〇〇年から紀元前五五〇〇年ごろのもので、出土した遺物は二〇〇〇点あまり。ほとんどが動物の骨で作られた道具だった。このときの考古学上の大発見の一つが、四二本の棒状の骨で、中国の学者たちは、最古の箸だと信じている（口絵2・3）。

これは本当に、箸として使われたものなのだろうか。もともとは、どのような姿をしていたのだろう。報告書によれば、長さは九・二センチから一八・五センチの間、直径は〇・三センチから〇・九センチ。中央部がやや膨らんでいて、頂上部は四角。下部は細くなって尖っている。形としては、現在の箸とそっくりだ。実は新石器時代の遺跡からも、同じような形の動物の骨が見つかっていて、髪留め（ヘアピン）ではないかと見る学者が多い。龍虬荘でも当初は、骨は髪留めかと考えられた。

だが『中国箸文化』の著者・劉雲は、二つの理由から、これは箸だったと見られるという見解を取っている。①髪留めだったとすれば、もっと磨き込まれて装飾品らしくなっているはずだし、サイズも同じ程度にそろえられていると思える。だが発掘された骨は大きさがまちまちだ。中央部が膨らんでいて、両端は丸みか四角みを帯びているか平べったくなっているかで、形が均一ではない。②もし髪留めであったなら、埋葬に当たって頭の近くに置くはずだが、いずれも手のそばに壺や農具に交じって置かれていた。したがって劉編集長は、これら動物の骨は食事道具の箸として使われていたものと推測する。それを踏まえて劉編集長など研究者たちが改めて遺物を検証し直したところ、ほかの場所でも骨ばかりでなく木の箸とおぼしきものも見つかった。精査し直した結果、ひところは髪留めと思われていたものも同じく、遺体の頭近辺ではなく、体の近くに置かれていたことが判明した。したがって、食事道具の箸である可能性が高まった。だがそれでも、謎が解明されたわけではない。これらはペアで使われ、後世のように片手で食材をはさんで口に運んだのだろうか。確かなことは、分からない。龍虬荘で出土した遺物が、本当に世界で最初の箸であると断定するためには、動かない証拠が必要だ。

初期の箸も万能調理道具?

青銅器時代、商(しょう)(殷(いん))の時代(紀元前一六〇〇~一〇四六)の中国で、人が調理や食事の道具として箸を使っていた証拠が発見された。一九三〇年代に、中国北部の河南省安陽で考古学的な発掘がおこなわれ、青銅製の六対の箸が、匙やその仲間である匕(あいくち)とともに出土した。本数は偶数だし、置かれ方から類推して、トングのようなはさみ道具と同じくペアで使われていたものと思われる。だが厚みが一・三センチあって、のちの箸と比べると太い。考古学者は、食事道具としてだけ使われていたのかどうか、疑問視している。これは冶金(やきん)道具だったのではないか、と見る学者もいる。だが大部分の学者は、鍋に入れた食材をかき回して混ぜるため、そして食べる道具として使ったものだと見ている。あるいは、木炭や薪を置き直したり、火勢を調節するためにも使ったかもしれない（口絵6）。アメリカ・カリフォルニア大学の考古学者ユージン・N・アンダスンは、著書『中国の食べもの』のなかで、中国は箸が万能の働きをするため、調理道具の種類は多くない、と述べている。必要なのは、肉切り庖丁とまな板、鍋、かき混ぜ用のお玉、箸――それだけで十分だ。彼によれば、箸は「はさみ道具、まぜ道具、ミキサー、泡立て器、漉し器、皿盛りなどなど、多機能を持っている」。伝統的な食習慣として、商（殷）時代の遺跡から発掘された棒状のものが箸として使われていたと類推しても妥当だろう。東アジアでも東南アジアでも、箸は基本的な調理道具だったし、卵を茹でたり、ミンチ肉を野菜と混ぜて餃子の中身を作る際にも、箸は活躍していた。

東アジアおよび東南アジアにおける青銅器時代の遺跡から出土した箸を研究した考古学者たちは、当時の人びとは箸を食事道具として使っていた、と確信している。長江流域の湖北省長陽では一九八〇年代に商（殷）時代の遺跡「殷墟」の発掘がおこなわれ、象牙製の二対の箸が出土したし、同じ場所からは周時代（紀元前一〇四六～二五六）の、最古の象牙箸が見つかっている。青銅の箸も、安徽省（中国南部）と雲南省（中国南西部）で見つかった。これらは直径〇・四センチから〇・六センチで、河南省安陽で発掘されたものよりかなり細い。頭の部分は四角でがっちりしているのだが、先に行くに従って、細くて丸くなり、いま使われているものと大差ない形をしている。長陽で発掘に当たった考古学者は、次のように述べている。

長陽の殷墟で発掘された古代の匙や箸の形やデザインは、いま私たちが使っているものとほぼ同じだ。箸はよく磨かれていて、彫刻まで施されている。これまでに発見された最古の箸は、商（殷）時代中期のもので、中国人は三三〇〇年前から箸を常用していたことが分かり、しかも生産テクニックは、かなり高度だ。

発掘当事者たちの報告によると、匙も古代中国で食事道具として使われていた。出土品および文字による記録によって、当時は匙のほうが主体的に使用されていたことが分かっている。匙も箸と同じく、鍋の料理をかき混ぜたり、食べものを口に運ぶことができる。したがって新石器時代にはじめて箸が出現したころの匙は、短剣のような形をした、中国語で「匕」とか「吃」と呼ばれる道具だった。中国全土の新石器遺跡で、火打ち石や骨製のナイフとともにこのような遺物がたくさん見つかっている。これまで出土したなかで最古の匕（あいくち）は、一九七七年に中国北部の河南省五陽・裴李崗（はいりこう）で発見されている。紀元前八〇〇〇年から紀元前七五〇〇年ごろのものと思われ、動物の骨で作られている。用途としては、肉を切ったり、鍋などで調理された食品をすくい出したり、多面的に使われたものと思われる。同じ遺跡から、ほかに二つの陶器製の匙が見つかっているが、全体的には丸みを帯びた楕円形で、舌のような形でいまの匙に近い。先端が尖っている。これは、別の名称「勺」(古代中国語で「シャオ」、あるいは「シ」)と呼ばれる。匕も勺も、持ち手は細い。これまでに出土したなかでは、数としては短刀のような匕のほうが、楕円形の勺より多い。匕はほとんどが骨でできているが、勺にはヒスイ製や象牙製のものもある。このような勺は、一九五〇年代の半ばに、半坡(はんぱ)や西安でも出土している。

新石器時代の、骨や金属でできたナイフやフォークも発掘されている。だが、数としては少ない。時代が下るにつれて、ナイフ・フォークの出土数はさらに減っていく。つまり、中国人はナイフ・フォークを食事道具としては使わなくなってきた(とくにナイフ)。ナイフの使用は、周時代の終わりごろから、ほぼ調理道具のみになった。フォークはふつう二叉で、三叉以上のものはなかった。しかも、使われたのは漢時代(紀元前二〇六〜紀元二二〇)ごろまでに限られる。当時のフォークは主として調理道具で、食卓には登場しなかった。*

＊原注=古代ローマでもフォークは調理道具で、食卓に置かれるようになったのは一四世紀以降だ。初期の食事用フォークは二叉だった。周達生『中国の食文化』などによる。

中国では、ナイフやフォークがどうして食事道具にならなかったのか。中国社会科学院・考古学研究所の王仁湘は、次のように分析している。

「フォークは匙や箸と違って、肉を食べる際に力を要する。古代中国では、一般庶民は草食で、肉食は上流階級の者に限られていたから、フォークを使う必要はなかった」

それを裏返して言えば、フォークは肉とサラダなどの野菜のどちらを食べるにも有効な道具ではあったことを匂わせている。だがフォークが消えてしまったのは、古代中国人の（あるいはアジア全般における）食習慣の好みだとも言えるだろうというのが、考古学者や歴史家の見方だ。食べものが食事道具を固定化しがちな傾向にあることは否定できないが、発明された食事道具が調理法や常用食品を規定するという点も見逃せない。中国人が過去から現在まで、箸を調理道具および食事道具として使い続けてきたことが、その具体例だ。

最初の記述は象牙の箸

人類の文明が発達する過程において、火をコントロールする能力が画期的な点だったとすれば、調理に火を使うようになったのも特筆に値する進歩だった。食物史を研究しているイギリスの歴史家フェリペ・フェルナンデス＝アルメスト（一九五〇〜）は、人類が加熱料理を発明したのは、食生活における最初の革命だと断定する。食物に関する著作があるハラールト・ブリュソーは、「調理された料理を食べるようになったおかげで、ホモ・エレクトスはホモ・サピエンスに進化した」と断じている。つまり、火を通すことによって衛生面で格段に安全度が増したばかりでなく、生肉を食べていたころと比べると歯の負担も軽くなった。栄養が吸収されやすくなったために、頭脳も発達した。歯は肉を嚙み切ったり消化する必要が減ったため、ホモ・サピエンスは歯のサイズも小さくなった。

調理された食べものを摂取するようになったからといって、必ずしも熱い料理を食べるようになったわけではない。だが熱いものを食べる際には、それに適した食事道具が必要になる。「はじめに」で、述べた通りだ。そこで古代中国では、熱いものを食べるとき火傷しないように、匙と箸を考案した。それによって、難なく熱いものが賞味できるようになったため、それが中国人の好みとして定着し、現在に至っている。中国人が客人をもてなすときには、歓迎の印（しるし）として何皿も用意する。中国の食文化に詳しい趙栄光によると、客人が到着する前にあらかじめ調理して準備しておくが、食べる直前に温め直すのが礼儀だ。だが手で皿に盛り合わせる国では、熱い料理を食べる習慣がない。南アジア、東南アジア、中東などでは料理を室温で食べるのを好む。食事道具を取り入れた地域も一部にはあるが、現在に至るまで手食が主流だ。そこから判断すると、食文化の発展には、気候やエコロジーの要素も大きく関わっていると思える。

中国では新石器時代から、政治、文化の中心地は北部にあった。気象条件は乾燥ないし半乾燥地帯で、冬はつねにドライなため、前述したように温かく、汁気の多い食べものが好まれる。したがって、煮えたぎるものや、シチューふうの羹が喜ばれた。商（殷）時代の、青銅器ないし陶器製の調理器具がおびただしく発掘されていて、古代中国人の食習慣が偲ばれる。そのころ最も一般的だった道具は三本脚ないし四本脚の鼎と鬲（三本脚だが脚部分が中空）、釜、蒸し器の甑と甗、などがよく使われていた。これらはすべて、煮たり、汁ものを作ったり、蒸したりする調理道具だ。そしてこれらの大きな調理鍋の内部をかき回したり混ぜたりし、でき上がった食品を食べるのに適している食事道具は、匙や箸だ。仕上がった料理を分け取りする際には、箸は必ずしも最適の道具ではないかもしれないが、調理の過程では、味見をするうえでも、きわめて有用だ。食事をするにも、言うまでもなく便利だ。台所で調理道具の下で燃やす薪の位置を直す際にも、箸は利用できる。日本や中国では「火箸」と呼ばれ（口絵8）、これは飲食には使わない。

商（殷）朝最後の紂王（紀元前一一〇五〜一〇四六）は、豪華な食膳を象牙の箸で食べていたと記されている。これが、箸に言及されている最古の記述として有名だ。古代中国の北部もかつてはもっと温暖で湿度も高く、ゾウなどの大型動物が棲息していた。だが周王朝時代（紀元前一〇四六〜二五六）の遺跡からは象牙の箸が発掘されているものの、それ以前の商（殷）の遺跡からは発見されていない。しかし紂王が象牙箸を使っていたという話は、周時代にも、思想家・韓非（かんぴ）（紀元前二八一〜二三三）が『韓非子』のなかで、次のように記している。

周の時代に入ってからすぐの早い時期から、象牙の箸は作られていた。周王は、国の先行きを憂えて、こう語っている。

「象牙の箸は土器とともに使うべきものではなく、ヒスイかサイの角で作った盃こそ似つかわしい。あるいは、マメのスープには合わず、野菜にもそぐわない。毛足の長い水牛とか、ヒョウの胎児などにこそ適切だ。さらに言えば、象牙の箸で食するとなれば、丈の短い衣類は合わず、かやぶき屋根の家も似つかわしくない。刺繍を施した九重の装束に身を固め、大きな屋敷に暮らし、豪華な踊り場も備えていて欲しい。私なら、食事が終わってしまうのが恐ろしくて、食べ始める前から震えてしまう。

周では、五年間で肉や酒の消費量が格段に増えた。肉塊が山と積まれ、肉をくくり付けてあぶる柱が林立した。醸造用の穀物袋も山積みされているし、酒の池が並ぶ。これが、周の終焉につながる。周王の心配は、杞憂ではなかった。そこから、格言が導き出せる。「聖人は、微を見て萌を知り、端を見て末を知る」。

翻案すれば、次のようになる。——古代中国で、象牙の箸はきわめて貴重なもの、あるいは華美の極にある生活ぶりを象徴するものと見なされていた。したがって周王が誇らしげに象牙箸を見せびらかしていたことを、韓非は非難したのだった。李氏朝鮮の時代（一三九二～一九一〇）、朝鮮半島は中国の影響下にあったが、周王の象牙箸は不品行ないし退廃、政府の腐敗など諸悪の象徴だと見なされていた。

ところが矛盾するようだが、象牙箸は極限のぜいたくだと見なされ、古代中国とは異なって、あこがれの対象になった。そこで、もっと安い材料で作ったイミテーションも出回った。朝鮮半島では現在に至るまで金属の箸がもてはやされているが、この地域を除く箸文化圏では、相変わらず木や竹の箸が主流だ。ところが考古学的な発掘では、これまでのところ、古代中国の遺跡から出土した竹の箸は、それほど多くない。一九七八年に、湖北省で曾侯乙の墓が発掘された際に、一対の竹の箸が見つかった。長さは三七センチから三八センチ、幅が一・八センチから二・〇センチ、紀元前五世紀ごろのものと思われる。この竹箸は一方の端がつながっているので、はさむための道具に見える。近隣の湖北省当陽でも、竹の箸が出土した。こちらは長さ一八・五センチで、二本が分離している。紀元前四世紀ごろのものらしい。漢時代（紀元前二〇六～紀元二二〇）の箸は、竹のものも木のものも、かなりの数が見つかっているが、これについては次の章で詳述する。発掘される竹や木の箸が金属製（青銅、銅、金、銀、鉄）のものに比べて少ない理由を、考古学者は竹や木のほうが朽ちやすいためだと見ている。

箸が竹カンムリである理由

だが歴史の記録によると、周から漢の時代には竹や木の箸が主要な食事道具として定着していたことが分かっている。古代中国の箸の材料が竹と木であることは明白で、文字としては①「箸」、②「筯」、③「梜」、④「筴」が使われていた。材質は圧倒的に竹と木だった。漢字からは、その意味合いを感じ取ることができる。①の発音は「ズー」で、「竹で作ったもの」という意味。②も発音は「ズー」で、「竹で作った補助道具」の意。③、④の発音は「ジア」で、「はさむ」という意味があり、食べものをはさんでつまむ道具を指す。考古学的な発掘件数は少なくても、これらの漢字が竹と木が材料であることを示しているし、これらは象牙や金属と比べるとはるかに安く入手できた。

箸は文献にも数多く登場するし、古代中国人の間で広く流布していたことは明らかだ。箸はどこにでもふんだんにあったものだけに、書物などで数多く取り上げられ、韓非子に見られるように、象牙箸が商を衰退に導いたなどの記述が出てきた。戦国時代の思想家・

荀子（紀元前三四〇〜二四五）は韓非と同時代の人物だが、彼も著書『荀子』のなかで箸の重要性について触れ、彼が重視する「強迫観念の払拭」に関連して次のように述べている。

もしあなたが丘の麓から森を見上げたら、たとえ巨木でも箸ぐらいにしか見えないだろう。だがだれも、箸を見つけようとして森に入っては行かない。遠目の高さが、実際の大きさをゆがめてしまうからだ。

この一文は、だれもが低い枝を折って箸に転用したことを暗示している。中国の伝説によれば、中国で最古の王朝・夏（紀元前二一〇〇〜一六〇〇）の開祖・禹は、洪水に速やかに対処するため早く食事をすませたいと考え、このように枝を折って箸を作ったと言われる。彼は、治水の功績によって王になることができた。禹は、二本の小枝で箸を作って食べたと思われている。これは伝説にすぎないが、箸は手近に見つかるあり合わせの材料で簡単に作れることを示している。似たようなエピソードが、ずっと後代の清王朝時代（一六四四〜一九一二）にも記録されている。清は一九〇〇年に、西欧列強に敗退した。事実上の統治者だった西太后（一八三五〜一九〇八）は、北京を脱出した。逃避行の途中で、ある村にさしかかったとき、住民から粥を振る舞われた。だが箸が見当たらなかったため、側近がホウキモロコシの茎で即席の箸を作り、西太后はなんとか食事を終えることができたという。このエピソードは、長年の伝統によって、箸がなければ食事ができない状況になっていたことを示している。

中国で食事道具としての箸がいつごろ広く普及するようになったのか、その時期を特定することはむずかしい。文書や記録に箸がひんぱんに登場するようになったのは、春秋・戦国時代（紀元前四七五〜二二一）だから、そのころには広く使われていたのだろうと推察できる。日本の研究者で古文書を読んだ太田昌子（まさこ）（一九二三〜二〇〇一）は、著書『箸の源流を探る』（汲古書院、二〇〇一）で、箸の起源は周時代の末期、つまり紀元前六世紀から紀元前三世紀の間だろうと見ており、匙と箸の併用がしだいに広がっていったものと考えている。もしその通りだとすれば、普及するまでにかなりの時間がかかったことになる。古文書によると、箸という道具が発明されてから日常的に使用されるようになるまでに時間を要したらしいので、古代中国人はその間、長いこと手食も続けていたのだろうと思われる。周から漢の時代にまとめられ、上流社会の祭事や礼儀について記された『礼記（らいき）』には、箸の普及過程についての貴重な情報が記されている。この書物の初編は、周時代の終わりごろ、孔子や彼の弟子たちが編纂したものと考えられている。その後、漢時代にも書き継がれていった。『礼記』に記された箸と匙に関する次の記述は、注目に値する。

何人もが会食に集まって大皿から食べものを分け取りするとき、急いで腹を満たそうとしてはいけない。大皿で飯を共食する場合、あらかじめ手を洗う必要はない。炊いた穀類を、丸めて団子状にしてはならない。さまざまな菜を、やたらに掻き込んではいけない。食べるときに、音を立ててはならない。歯で、骨をかみ砕いてはいけない。食べかけの魚を、大皿に戻してはならない。残った骨を、イヌに投げてやってはいけない。食べたいものがあっても、一人占めしてはならない。米飯を冷ますために、平たく延ばしてはいけない。アワ・ヒエの類を、箸で食べてはならない。野菜入りのスープを、飲み込んではならない。香辛料を、加えてはならない。歯の間に詰まったものをせせってはいけないし、上にかけたたれを延ばすのも好ましくない。もし客が香辛料を足すようなことがあれば、主人は味が不十分であったことを詫びなければならないし、たれを延ばすようなことがあれば、貧乏であることを詫びなければならない（『礼記』のうち「曲礼」）。

『礼記』では、炊いた穀類は、箸ではなく手で食べるよう、作法として指示されていた。右に引用した第二パラグラフで、「丸めて団子状にしてはならない」とあるのは、手で丸めることをいましめていることにほかならない。手で食べるのが原則であれば、食前の手洗いの励行は、もっと強調されてしかるべきではなかろうか、と思える。漢時代は儒教が学問の主流だったが、当時の著名な学者・鄭玄（一二七〜二〇〇）の解釈は、のちに唐時代の学者・孔頴達（五七四〜六四八）も賛同しているのだが、手をきれいにしておくのは自明なことで、客の面前で汚れや汗を洗い流したり、しずくを垂らしたりすることも興ざめなので、米飯は濡らさずに、また手をきれいにしておくことも、改めて言うまでもない礼儀だと考えていたのではあるまいか。

手食と箸はどこでも併用

『礼記』では、どうして米食に際して箸でなく手食を勧めているのか。その点に、疑問が湧く。言い換えれば、古代中国の人びとは手食と箸を平行して使っていたのだろうか。その点を追究したいとは思うが、世界のどの文化圏でも、手食とほかの食事道具との併用はおこなわれていた。たとえば一四世紀のヨーロッパでは、食事道具を使い始めていたが、ときと場合によっては手食も併用していた。そのような状況は、いまでも変わらない。もっとも、「手でたべる食べもの」という概念がややあいまいで、範囲が広い。ミニ・パイとか、ミート・パイ、串刺しソーセージ、楊枝でチーズやオリーブを刺したアペタイザーのつまみ、チキンのもも肉や手羽肉、ミニキッシュ、サモサ、サンドイッチ、アスパラガスなどは、ほぼだれでも手で食べる。それにパンも、公式の宴席でさえ世界中の人が手で食べる。ところが箸文化圏の人たちは、このような食べものでも箸を使いがちだ。ナッツ類は手で食べる人が多いだろうが、ピーナッツだって箸で巧みに食べる人もいる。

つまり、箸で食べるか手で食べるほうがふさわしいかは、食べものしだい、という場合が多い。古代中国では、アワ・ヒエの類は箸向きではないとされていた。なぜか。これらミレット類も穀物で、飯の範疇に入る。だが、ミレット類だけが飯ではなかった。残された資料によると、周の時代から中国には「百穀」とか「九穀」「六穀」などということばがあったが、最も一般的な呼称は「五穀」だった。したがって炊いた飯には、さまざまな穀物が含まれていた。

五穀とは、何を指すのか、孔子の言動を弟子たちがまとめた『論語』には、次のように記されている。

子路（孔子の弟子）は、師について歩いていたが、いつのまにか遅れを取ってしまった。やがて、一人の老人に出会った。老人は、背中の籠に苗を入れていた。子路が尋ねた。「ひょっとして、師の姿を見かけませんでしたか？」老人は答えた。「あんたの四肢は弱ってて、とても農作業などできんだろうのう。鍛えなきゃいかん。おそらく、五穀の区別もつかんに違いあるまい。ところで、あんたの師とは、どんなお方かの?」老人は、そう言いながら苗を植え始めた。

五穀とは何を指すか

だが『論語』は、五穀とは何を指すかについては言及していない。「五穀」については『礼記』でも何回か触れているし、周時代にまとめられた同じく重要な礼儀の教本『周礼(しゅらい)』でも述べられている。だが、具体的な穀物の名前は書かれていない。一世紀ほどのち、孔子の弟子で当時の儒教を代表する孟子(紀元前三七二～二八九)が著者『孟子』のなかで、五穀について次のように簡単に触れている。「農業の責任者は、五穀の種子を蒔き、実らせ、収穫するよう民に命じた。五穀が豊作であれば、民は糧を得ることができる」

五穀とは何かを特定しようという努力は、漢時代に試みられた。漢王朝は、秦(しん)王朝(紀元前二二一～二〇六)のあとに樹立された。周時代の末期に荒れすさんだ戦国時代は収束し、紀元前二二一年に中国は北部を中心に統一された。だが漢時代の五穀は、必ずしも固定されていなかった。『孟子』の章句を分析している趙岐(ちょうき)(一〇八?～二〇一)は、五穀とは「①コメ、②アワ、③キビ、④小麦、⑤マメ」。ところが、彼と同時代の鄭玄は、『周礼』

や『礼記』を分析したうえで、先の五穀のうちコメの代わりに「大麻」を入れている。麻は繊維としては有用だが、タネは食べられるし、現実に中国の北部や北西部で鄭玄の時代には食糧にされていた。だが彼は『周礼』では「六穀」として大麻を除外していて、ますます混乱が深まる。現代の研究者たちのなかには、鄭玄の主張に疑問を抱く者もいる。コメが除外されていることもおかしいし、漢字の「麻(ま)」は大麻ではなくゴマではないか、と勘ぐる。ゴマも、漢字では同じ「麻(ま)」(訳注＝芝麻、脂麻とも書く)だ。

ゴマは中央アジアの原産だが、鄭玄のころには中国の北西部を経由して中国でも広まっていた。

五穀が何かについては異論があるものの、中国北部ではミレット類が中心だったという点では一致していて、小麦、マメ、コメも顔を出している。ミレット類のなかでもとくにアワ、それに大豆、コメは、中国ではじめて栽培された作物だと信じられている。コメ(学名＝Oryza sativa)は、南アジアないし東南アジアの原産種だと、長い間信じられてきた。ところが最近になって中国南部の吊桶環洞窟で、紀元前一万年から紀元前九〇〇〇年のころと思われる、世界で最古の国産米の名残を発見した。ほかの穀類は、外から中国にもたらされた。小麦は中央アジアが原産だが、青銅器時代にはすでに中国に入っていた。小麦の文字が、商時代の青銅容器に記されているからだ。吊桶環遺跡は現在の江西省にあるが、そのほか浙江省・河姆渡の遺跡からも、紀元前八〇〇〇年ごろのコメが見つかっている。また最古の動物骨の箸が出土している江蘇省・龍虬荘の遺跡では化石化した貯蔵米も見つかっていて、紀元前六五〇〇年から紀元前五五〇〇年のものと推定されている。これらの証拠から、コメ(イネ)は中国南部あるいは長江流域などの多雨地域が原産地で、最初に栽培が始まったのもこのあたりだと信じられるようになった。だがコメの主産地はいまもむかしも中国南部で、そのため北部出身の鄭玄は、「五穀」のなかにコメを入れなかったものと思われる。

穀類のなかでは、アワやキビなどのミレット類に人気があったことは、さまざまな記録によって明らかだ。残されている資料としては『詩経』が最古だが、そこには次のように描かれている。

世代を重ね
崖や丘ほどうず高く積まれているが、
棺や車はなおも永遠に続く。
キビやアワのごとく。

中国の農業の神さまは、ミレット類を神格化して「后稷（こうしょく）」と呼んでいる。『詩経』には、神を讃える次のような詩が収録されている。

……神は、黄色い作物を植えられた……
穂がうなだれて、お辞儀した。
クロヒエはたわわに実を付け
ピンクの芽が白く変化する。

ミレット類は、古代中国では最も高く評価された穀物だった。その理由も、納得できる。これらの穀物は乾燥した気候や旱魃に強く、中国北部・黄河流域のドライな環境に適していた。ミレット類はもともと中国南部や東南アジアなど亜熱帯が原産だ。それが、中国北部でも栽培されるようになったものと、一般には信じられている。ところが古代中国の農業に詳しい歴史家の何炳棣は、ミレット類は中国北部の黄河や渭水（いすい）流域の高地や低地に自生していたと主張している。彼はこのあたりの黄土地帯が中国新石器時代の文化を育んだ、と見ている。ハーヴァード大学で考古学や文化人類学を講じていた張光直（一九三一～二〇〇一）は、中国の食文化に関するはじめての英語の著作『中国文化における食物』を編纂したが、彼もアワの一種セタリア・イタリカは中国原産だと考えていて、古代中国人は新石器時代から周時代まで食べていた、としている。二〇世紀に入ってからこの地域では数々の発掘作業がおこなわれたが、西安市盤浦の新石器時代の遺跡など多くの場所で、アワの貯蔵場所が見つかっている。

古代中国で栽培されていたミレット類には、さまざまな種類がある。賈思勰（かしきょう）（?～五四三）は、「万人のための農業技術」の教科書を書き、そのなかで栽培中のミレット類について、次のように詳述している。

ミレットには、多くの種類がある。実る時期も、種類によって異なる。背の高さや収穫量、茎の強さ、匂いなどの面でも差があるし、脱穀の手間もそれぞれ違う。収穫時期の早い早生は茎が短く、収量が多い。収穫時期の遅い種類は茎が長く、収量は少ない。茎が強いのは丈の短い黄色い穂のミレットで、茎が弱いのは丈が長く、穂が緑、白、黒のミレットだ。収量の少ないミレットのほうが味はいいが、殻が落ちやすい。収量が多い種は味こそ劣るが、たくさん採れるのが長所だ。

ミレットの魅力は収量が多いことで、中国の資料でもその点が強調されている。商

（殷）時代に人気のあったミレットの種類は、甲骨文字から判断すると、キビ、アワ、コーリャンなど。ただしコーリャンは、後代になるとモロコシ属に分類されるようになる。ミレット類の中核は何だったのか、黍も粟も、一般的にはキビだと解釈されているし、両者が混同されている場合もある。稷も、双方を指していたのかもしれない。分類があいまいで混乱している面はあるものの、これらの文字が混在しているということは、ミレット類が広く普及した穀物であったことを証明している。さまざまな資料から包括的に判断すると、中国北部ではミレット類がおよそ一〇〇〇年にわたって、あるいは少なくとも八世紀間は主要な穀物であったことが間違いない。

以上のことからお分かりのように、『礼記』に書かれている「飯」はミレット類を指すことがほぼ間違いない。問題は、ミレット類を食べるために、箸は便利だったかどうか、という点だ。答えとしては、炊き方しだいだ。コメ粒より小さな穀物は、中国では伝統的に煮るか蒸す（あるいは、ふかす）かしていた。炊くとべったりくっついて、空気も通りにくくなる。したがってミレット類は、コメとは違う炊き方をした。ごはんの場合はかなり水を加え、最初は強火で炊き、吹きこぼれる時点で火を弱めると、柔らかくふっくら炊き上がる。ミレット類も、同じような炊き方をしたのだろうか。あるいは水を控えめにして炊いたのだろうか。その場合、底にはお焦げができるが、上のほうは生煮えで芯が硬いまま残る。

むかしの中国では、蒸したミレットを「飯」と呼び、煮て水気の多いゆるく作ったものを「粥」と呼んで区別した。この仕分けは周時代の文献にも見られるし、漢時代以後は定着した。周時代の公文書には、こうある。

「黄帝（伝説上の中国の始祖）が、穀物を炊いて飯を作り、煮て粥をこしらえた」

「粥」が「飯」より先輩

「粥」という字は、商（殷）時代や周時代の甲骨文字や青銅器に現れている。一方「飯」が使われ始めたのは、周の末期からだ。「粥」のほうが先だということは、煮るという調理法のほうがおそらくもっと普遍的な方式だったことを示している。商（殷）に使われた青銅器類を調べてみても、蒸し器が発明されるより早い時期に沸かし器、大釜、三本脚の鼎が使われていたことが判明している。現代の科学者の見解では、甑（そう）や甗（げん）（ともに「こしき」）などの蒸し器は、大釜を改良したものだろうと推定している。大釜は、商（殷）や周の時代の遺跡から数多く出土していて、広く普及していた沸かし器だ。蒸し器の甑は二つの部分に分かれていて、上の部分に食べものを入れ、下の部分で熱を受けて水蒸気を発生させる。つまり、大釜の上に蒸す食品を収納する蒸し籠を付け加えて置けば、それで機能は果たせる。歴史の記録によれば、小型の甑が、主としてミレット類の穀物を蒸すために使われた。

『礼記』が箸よりも手食を勧めたのは、飯というのが蒸したミレット類で、炊いたコメではなかったためだろう、と見られる。蒸したもののほうがしっかり固まっていて、手でもこぼさずに食べやすい。しかし、蒸したミレットのほうが経済効果はよくない。調理に時間がかかるし、仕上がりのかさが少なくなる。『礼記』は上流社会の礼儀教本だから、それをよしとした。だが一般庶民が腹を満たすのは、ミレットにマメや野菜を加えて煮た粥だった。それでも祝いごとのときには、庶民も蒸した穀物で作った菓子や餅を食べた。アジアの食文化においては、このような風潮がいまでも続いている。

手で食べるのは、ごく簡単にできる。だが、エチケットとしてはやっかいな面が出てくる。たとえば、南アジアではほとんどが手食だが、それぞれの社会でタブーがある。食事の場で混乱を起こさないためと、同席する人たちに不快感を与えないのが主眼だ。古代中国の『礼記』も、細部に至るまで厳格なマナーを求めている。たとえば、蒸したミレット類を、手でどのように扱うべきなのか、孔子や彼の弟子たちは儀式に関しても詳しかったはずだし、手食していたわけだから、その正しい使い方にも精通していた。孔子の時代には貴族階級も手食に慣れていた。有名な例としては、紀元前七世紀に起こった鄭国の王子の話がある。彼が歴史上で知られているのは、珍しくておいしそうな料理を目の前にすると、指の動きが止まらなくなってしまうクセがあったからだ。彼は賞味させてもらえなかった亀料理のスープ鍋に、指を突っ込んで味見した。中国語では、人差し指を「食指」と呼ぶ。古代中国では、この指で味見をしたためだ。

だが常識的に考えて、熱した穀類を食べるのであれば、指の代わりに道具を使ったほうが好都合だ。春秋・戦国時代の斉国の政治家・管仲（かんちゅう）（紀元前七二〇ごろ〜六四五）は、著書『管子（かんし）』のなかで次のようにいましめている。

——師の前で食するとき、子弟は手食で穀物のみを食べよ。ほかのもの（たとえば、汁）に手を出してはならぬ。

この教訓の意味は、——若者が手でうまく食べられないようであれば、師からいさめられないうちに食べるのを止めるべきだ。

『礼記』は、礼儀にかなった粥の食べ方については触れていない。孔子の解説者としても知られる孔頴達（くえいだつ）は、粥を食べる場合は手ではなく、匙を使うのが理にかなっている、と書いている。『礼記』には、「ミレットを食べるときには箸は使わない」とだけあるのだが、孔頴達は、「匕（あいくち）」のような匙状のものを使うよう、うながしていると解釈する。『礼記』が書かれたよりはるか後代の孔頴達は、ミレット類の食べ方には、蒸す方法と煮る方法があると記していて、前者の場合には手食もいいが、後者のようにゆるい場合には匙がふさわしい、としている。もちろん水気の多い食べものでも、硬めの粥であれば箸も使える。だが、食器を口の近くまで持ち上げる必要があり、箸で掻き込む。この作法は好ましい姿ではなく、『礼記』が勧めるような礼儀には反する。そのような習慣があったからこそ、あえて記載しなかったのだろう。ミレットの粥であれば、匙のほうが優雅に食べられ、食器を持ち上げなくてもいい。

人びとは、食事道具を使って食べるのを好むようになっていった。その必要性があったし、合理的だし、流行にも合致していた。古代中国では、煮る調理法のほうが蒸す方法と比べて間違いなく主流だった。そのほうが安上がりだし、簡単だったからだ。商（殷）時代から漢時代にかけての発掘現場でも、青銅器・陶器製の煮る調理器具のほうが、蒸す調理器具より数多く出土している。品目としては、釜、鼎（かなえ）、それに個人用と思われる小型でおおむね陶器製の鬲（れき）と呼ばれた鼎もある。この小鼎の破片は、二〇世紀に入ってから河南省にあるかつて殷の首都だった殷墟で、大量に発掘された。そこから判断すると、鬲は個人用の調理具としてかなり普及していたと思える。つまり古代中国では、ミレット類を煮て粥にする食べ方が一般的だったと考えられる。

過去の資料で見ると、煮たミレット類の粥にも、さまざまな種類があった。水加減（つまり、ゆるさ）にも差があったし、どれほどの具を入れるかの違いもあった。水分の少なくて濃い饘（せん）から、もっと水っぽい粥「鬻（しゅく）」まで、千差万別だった。『礼記』には、次のような記述もある。

「曾子いわく。父の話によると、人は悲しいときに泣いて感情を表すが、衣服の裾も人生を語る。皺のよった裾に穀物の粒がこびりついていたり、粥をこぼした跡が見て取れたりする」

高貴な人びとや、祝いのときには庶民もミレット類を蒸して食べたようだが、食べ方にも階級の差があったらしい。富裕層は濃い粥を食べたが、貧しい者は薄い粥を食べる傾向があった。だが、それほど大きな違いはなかった。粥という食べものは、中国北部の乾燥して寒い地域では、いくらか濃くても薄くても、環境に合った食品だった。

温かい食べものが好きな中国人

煮た穀物が一般的で、それを食べるには匙が適していたため、匙が広く普及しており、箸では食べにくかったため、箸は補助的な食事道具にすぎなかった。箸は古代中国では、「筯」の字が当てられることが多く、竹かんむりに「助ける」という字からも判断できるように、控えの二番手だった。『礼記』で箸を使うように勧められているおそらく唯一の例は、「汁に野菜が入っているときは箸を使うべきだが、野菜が加えられていなければ、その限りではない」という指示がある。汁は中国語では羹（かん）で、まず水に具を入れ、加熱して煮る。ミレット類の粥と同じように、羹にもさまざまな種類がある。肉を加えて濃い味にすることもあれば、野菜だけの薄いスープもある。羹という字にはヒツジが入っているところから察すると、むかしはラムかマトンが入っていたのかもしれない。中国で最古の辞書『爾雅（じが）』によると、「肉を〈げん〉と呼ぶこともある」そうだ。羹には牛肉、ブタ肉、チキン、アヒル、イヌなど、どの肉を入れてもいい。それらの肉の名前を頭に付けて、「ラムシチュー」とか、「イヌスープ」とか呼ぶ。肉なしで、野菜だけのブロスふうのスープもある。肉汁には、野菜や香辛料も入れるので、具をはさむには箸が好適だ。

　羹はこのように種類が豊富なため、古代中国で人気のある食べものだった。したがって『礼記』は、「羹と飯の組み合わせは、王侯から庶民まで階層の区別なく賞味されている」と記している。つまり古代中国では、穀物を煮て粥を作り、穀物以外の野菜などを煮て汁をこしらえて添え、匙で食べるのが典型例だった。羹は必需品だったし、中国人は熱い食べものが好きなので、箸も重要な役割を果たした。古代の遺跡からは大量の大釜や鼎が出土しているが、同時に食べものを温めておく「温鼎」という保温器も、周時代の青銅器・陶器のなかから、いろいろ見つかっている。ここからも、中国人の温かい食べもの好きな性向が読み取れる。箸は鍋の中味をかき混ぜ、すくい上げ、味見をし、食べるために使われたに違いない。中国食の研究者たちは、箸が考案されたのは、まず羹の中味をかき混ぜるためであり、それが食事道具にも転用されたものと見ている。

では、ミレット類が主食ではなかった地域――たとえば中国南部では、どのような状況だったのだろうか。穀物以外の食べものを口に運ぶためだけに、箸は使われたのか。実はアジア大陸の食文化にも、料理には古くから多様性があった。『礼記』には、次のような例が挙げられている。

五穀が、うず高く積み上げられている。野生イネも、実り始めた。大釜は、縁まで煮えたぎっている。雑多な素材が、芳香を漂わせる。ムクドリ、ハト、ガチョウなどの肉の塊に、ジャッカルの肉汁が加えられて味が豊かになる。人びとよ、集い来たりて食欲を充たせ。

新鮮な亀や太ったニワトリに、醬楚をかける。漬けブタ肉、強いハーブを効かせたイヌ肉、生姜風味の挽肉。生姜入りドレッシングをかけたヨモギ・サラダ。どろどろしたほどではないが、味が足りないこともない。

人びとよ、集い来たりて好きなものを召し上がれ！

鶴のローストも、蒸した家鴨（アヒル）も、茹でた鶉（ウズラ）も、焼いた鯛（タイ）も、汁に入れた鵲（カササギ）も、焼いた鴨（カモ）も。

集い来たれ。なんでも、自由に選びたまえ。

四種の酒はいずれも年を経て豊潤ゆえ、喉にもまろやかだ。透明で芳香があり、十分に冷やした酒は、食前酒ばかりではない。

白い酵母を加えた蒸留酒、「白酒（パイチュー）」もある。

集い来たれ、恐るるなかれ。


右に掲げた詩には、おびただしい数の料理や調理法が列挙されていて、ユニークなものもある。これは中国南部、長江（揚子江）流域の情景だ。このあたりの食文化の本質は、どのようなものだったのだろうか。この引用には異国ふうの状況が描かれているが、そのほかの資料に当たっても、周時代末期の細部はよく分からない。それというのも、現存している資料やそれにまつわる解説はすべて北部の人間が書いたり解釈しているものばかりで、ある程度バイアスがかかっていると思えるからだ。

最近の考古学者や文化人類学の研究によると、中国農業や栽培農産物に関する南北の懸隔はすでにそのころから現れていて、北部の黄河流域経済圏と、南部の長江流域経済圏は分断されていた。この二つの大河は、それぞれの地域における農業と食糧事情に歴史上、大きな影響を与えた。イギリス人で科学史が専門だったジョゼフ・ニーダム（一九〇〇〜九五）は、『中国の科学と文明』という大著を残しており、それに協力した社会人類学のフランチェスカ・ブレイは、端的にこう断じている。

「私たちは、中国の農業を地域的に二分した。北部は、乾燥穀物を栽培し、南部は水稲農業だ。それぞれが独自の作物を生産し、使う道具も違うし、田畑の様相も異なる」

米作をやるかやらないかの区別で中国を北と南に二分するという考え方は、現存する歴史的な文献には記載されていない。古典である『礼記』には、コメが一〇回あまり出てくるが、ミレットの回数よりは少ない。だが中国南部では、古代からコメが主食だった。河姆渡（かぼと）遺跡の吊桶環や、四川省・三星堆（さんせいたい）遺跡（一九八〇年代に発掘）などの発掘調査によって、米作は古くから長江流域で主要な穀物であったことが実証されている。これら新石器時代の遺跡から、当時の文化レベルは北部と同じくらい発達していたことも判明している。河姆渡遺跡の文化について、フランチェスカ・ブレイは、次のように述べている。

「技術面でもかなり高度なものを持っていて、陶器の模様も精巧だし、建築も複雑にできている。大量のコメも発見されていて、住民すべてが農業従事者ではなかったにしても、食糧は栽培したコメに頼っていたことを示している」

中国南部の発達した文明をコメが支えていたわけだから、米作は組織だっておこなわれていたと考えられる。人類史をたどると、コメは最も手広く栽培されてきた穀物で、種類も多い。南アフリカ生まれで、食べものに関する著作で受賞歴のあるマーガレット・フィッセル（一九四〇〜）は、次のように書いている。

「地球に住む人類の、半分を支えているのが穀物だ。もしいま、なんらかの災害によってコメが収穫できなくなったら、少なくとも一五億人が飢えに苦しみ、なんらかの対策が講じられる前に何百万人もが餓死することになりかねない」

今日の世界においてコメは不可欠な食糧だが、近代以前には重要度がもっと高かったと思われる。食物の歴史に詳しいイギリスの歴史家フェリペ・フェルナンデス＝アルメストは、「人類史を通して、最近になって遺伝子組み換えなど科学の力によって小麦の品種は驚くほど多種多様になったが、それまでの主役はコメだった」として、次のように記している。

コメは、世界のなかで圧倒的に効率のいい食品だ。伝統的な品種が数多くあるし、一ヘクタールの水田があれば、五・六三人を養うことができた。同じ面積で小麦は三・六七人しかまかなえないし、トウモロコシでは五・〇六人だ。歴史を通して、米食文化の東アジアや南アジアは最も人口が多かったし、生産性も高く、発明品も多く、工業化が進み、技術も発展し、戦争にも強い、という相関関係が見られた。

中国にも、右記の例が当てはまる。中国北部ではミレット類が古代文明を育て、南部ではコメが文化を支えた。時代が経つにつれて、中国農業および食文化におけるコメの重要度は増していく。

中国の古文書には、中国南部におけるコメの重要性が繰り返して述べられている。たとえば『周礼（しゅらい）』には、「コメは長江河口流域の荊州（湖北省）や揚州（江蘇省）も適地だ、と記している。また漢時代の史家・司馬遷（しばせん）（紀元前一四五?〜八七）は、中国全土をあまねく旅し、著書『史記』のなかで、次のように同じような見解を述べている。

「長江河口に近い（春秋諸国の）楚や越は、面積が広大ながら、人口が少ない。主要な穀物はコメで、菜は魚介の汁だ」

コメが箸を普及させたのか

司馬遷の描写は、中国北部の情景とはかなり異なっている。

中国南部ではコメの消費量が多かったために、箸の使用が広まったのだろうか。考古学的な考察では、その因果関係も否定はしない。箸が発掘されている遺跡は、主として中国南部の歴史的に主だった都市だったからだ。ごく初期の箸が出土している龍虬荘は、長江（揚子江）の下流、江蘇省にある。黄河流域の諸文化と川との結び付き具合とを比べると、龍虬荘文化は近隣の長江および淮河（わいが）とかなり深く関わり合っている。ここで多くのコメが出土しているのは、そのためだと言えるのかもしれない。前にも述べたように、青銅器時代から漢時代にかけて、青銅製・竹製の箸の大部分は中国南部および南西部で発掘されている。これらの地域では、イネが手広く栽培されていた。そこから推論できそうに思えるのは、南部では北部とは箸の使われ方が異なっていたのではないだろうか、という点だ。つまり、汁のなかの具を箸でつまみ出すばかりではなく、主食であるごはんも箸で食べていた可能性がある。

炊いたごはんは、ほかの穀物と比べると、箸で団子状に丸めて食べやすい（口絵25）。そこで改めて、米食と箸の関係を考え直してみよう。コメにも、さまざまな種類がある。東アジアおよび東南アジアでごく普通に食べられている最も標準的な種は「うるち米」で、「シニカ」（あるいは「ジャポニカ」）と「インディカ」に分類される。ほかに「もち米」（中国では「糯」、ベトナムで「ネップ」、タイで「ニエオ」）があり、祝いごとの餅や菓子を作る際に用いられる。シニカ／ジャポニカもインディカも裸の粒には透明感があるが、もち米は丸みを帯びて不透明だ。どちらの種類のコメも、新石器時代の中国全土の遺跡から発見されている。だが地域的には長江流域が圧倒的に多い。二種類のコメは、収穫時期、コメ粒の大きさ、形、炊き方の加減が違う。シニカ／ジャポニカは細長いインディカに比べると、柔らかくてべとつく。コメもミレット類と同じように、まるごとでも食べられるし、挽(ひ)いて粉にすることもできる。古代中国人も、両方の形で食べた。

だがもち米を含めたコメがミレット類と大きく異なる点は、炊いた場合にパラパラではなく、固まりやすくなる特性がある。粒が大きいので、熱せられたお湯のなかで粒の間を空気が通り抜ける。したがって、煮るにしても蒸すにしても、炊飯時間が短くてすむ。シニカ／ジャポニカ、インディカのいずれも、ミレット類と比べると炊いたときに粘り気があるので、箸を使って丸めやすい。粘っこければ、手にくっつくので食べにくい。ごはんを手で食べる地域もあるが、その場合、指を洗うフィンガーボウルのような水入り容器を準備しておかなければならない。もう一つの解決法は油を加えて炊くことだが、すると指に油が付いて拭き取りにくい。したがって、ごはんを食べるときには箸がきわめて便利だ。たしかに口に運びやすくはなるが、箸にもくっつきやすい。だが箸のほうが指より小さくて細いので、はがしやすい。さらに時代が進むとともに箸の先端を尖って細くし、磨いてくっつきにくくする工夫をして、食事道具として改善を加えてきた。

だが「はじめに」でも触れたように、箸という食事道具を使わない、という文化的な観点からのオプションもある。ごはんを食べるには箸を使わなくてはならない、という決まりがあるわけではない。箸でなくてはならない、ということはない。東南アジアではコメを主食とする長い伝統を持つが、箸を使うのはベトナムだけだ。ほかはすべて、手食か匙、スプーンやフォークを使う。たとえばタイでは、ごはんを手食していたが、いまではまず匙で椀からごはんをすくい取り、それをもう一方の手にフォークの背中で押し付けてから口に運ぶ。もち米はフォークと匙では食べにくいので、右手で親指サイズに丸め、ソースや香辛料をつけてから手で口に運ぶ。このように、ごはんの食べ方はさまざまな形で発展してきた。箸は一つのオプションにすぎず、箸を採用するのは実用性というより、文化的な影響なのだろう。

この章を要約すると、考古学的な発掘と古文書によって分かることは、①古代中国の食文化と箸との結び付きは新石器時代に始まったものの、多くの人びとは手食を続けていた。習慣に従って、できるだけ右手だけを使って。手食と箸の併用時代はかなり長かったと思われる。②次に大きなトレンドは、調理の仕方で、穀物は煮るのが最も一般的だった。次に、蒸す方法が導入された。古代中国では、その他の方法も使われた。中国人は、穀物以外の食品も煮た。穀物は粥にし、それ以外のものは羹(かん)と呼ばれる汁に入れた。この食事の特性によって食事道具を使う必要性が生じ、箸という道具に集約された。③煮た食品を食べるために、中国でも液体をすくう匙はかなり早い時期から使われ始めた。したがって先端が尖った短剣のような形の匕(あいくち)は、汁のなかの具や肉を切るのにも便利だった。したがって食事道具のなかでは匙が主体で、箸は補助的な役割しか果たしていなかった。箸の役割は汁のなかの野菜をつまみ出すことだったが、汁のなかのミレット類の穀物を、煮えたぎる鍋からすくい出すのに適した道具ではなかった。蒸したミレットなどの穀類は、手で摑み出した。したがって初期の箸の役割は、穀物以外のおかず（菜）をつまむことに限定されていて、主食用ではなかった。だが中国南部では、菜だけでなく、主食であるコメのごはんも箸を使って食べるようになっていったと思われる。だが中国北部の発掘遺跡からは、箸がいつごろから普及し、中国全土で、あるいは現在のベトナムや日本におけるように、広く常用されるようになったのかは、特定しがたい。だが漢時代以降、中国北部や北西部でもコメが主食になってからは、箸の多面的な便利さが認識されて普及するまでに、それほど長い時間はかからなかったと思われる。その過程は、次の章で詳述しよう。

2

おかず、ごはん、麺――箸の役割変化

最初の誕生日、私は祝宴を張ってもらった。私は箸を振り回し、茹でた麺を食べ、空飛ぶユニコーンの背に乗って、感謝の詩を口ずさんだ。

唐時代の詩聖・劉王渓（劉禹錫、七七二～八四二）

新しい料理に出くわしたときの喜びは、人類が新たな星を見つけたときの嬉しさより大きい。

アンテルム・ブリア＝サヴァラン『美味礼賛』（一八四八）

司馬遷は名著『史記』のなかで、古代中国史に輝く漢王朝時代（紀元前二〇六～紀元二二〇）の愉快なエピソードを数多く紹介している。箸にまつわる話も出てくる。劉邦（りゅうほう）（紀元前二五六〜一九五）はやがて、前漢の初代皇帝・高祖帝になる。劉邦は、龍虬荘遺跡の近く、江蘇省北部で生まれ育った。皇帝になってからは、戦略を練るために、軍師・張良（紀元前二五六〜一八六）と食事を摂りながら話し合った。張良は、皇帝の案に反対した。自らの考え方を図示するため、張良は箸を借りて反論を展開した。それがみごとだったため、劉邦は軍師の案を採用した。この話はきわめて有名で、あちこちで引用されている。この情景描写から、劉邦らが箸を使って食事していたことは明らかだ。

『史記』には、別の偉人と箸に絡む話も出てくる。高祖の子孫である前漢の二人の皇帝（温と景）に仕えた傑出した武将・周亜夫（紀元前一九九〜一四三）は、武勲を立てて信頼が厚かった。だがあるときその功績を鼻にかけたためか、景皇帝の不興を買った。司馬遷の記述によると、武将・周は皇帝との会食に呼ばれた。肉の塊がまるのまま皿に盛られて出されたが、ナイフも箸もなかった。そこで箸を所望したところ、皇帝からなじられた。

「無礼であるぞ。料理が気に入らぬか」

侮辱されたと感じた周は礼を述べ、席を立った。皇帝は、ため息をついた。

「このような態度では、軍師は務められるまい」

数年後、周はこれを理由に処刑された。

この二つのエピソードによって、漢の時代には箸が普及していたことが分かる。だが、食事道具の探求は、さらに深めなければならない。司馬遷は、匙も用意されていたかどうかは記していない。前の章で述べたように、古代中国では匙のほうが主要な食事道具だった時期がある。もう一つの疑問点は、周亜夫の目の前に出された肉の塊についてだ。彼は、箸はないだろうかと周囲を探したとあるが、『礼記』では、箸を使うのは汁のなかの野菜を食べる場合に限る、とある。そのころの中国人は穀物も手で食べることが多かった。匙も、つねに使っていたわけではない。記述から推察できるもう一点は、このころには穀類以外の食品を食べる際にも箸が使われていたのではないか、ということである。この章では、この二点を追究してみよう。中国では、いつごろから手食をやめて食事道具を使うようになったのだろうか。さらに、いつごろ箸だけを使って食事するようになったのか。漢時代から唐時代（六一八〜九〇七）にかけての時期を調べてみよう。

ここ何十年かの間に、考古学者たちは漢時代の墓をいくつも発掘調査した。人びとの、日常的な食生活の様相も明らかになってきた。湖南省の省都・長沙の近くにある馬王堆漢墓が一九七二年から七四年にかけて発掘された。軑侯・利蒼および妻の軑夫人など一族の墓であると断定された。夫人の遺体の保存状態はきわめてよく、五〇歳ほどで亡くなったと思われる。その後の法医学的な研究によって、夫人は心臓発作が命取りだったようで、食道や胃、腸にマスクメロンのタネが残っていた。それが、原因だったとも考えられる。もう一つ興味のある点は、四八個の竹筒と五一個の陶製食器が見つかり、それぞれ異なった食品が残されていたことだ。夫人は、よほど食道楽だったに違いない。竹筒や食器に残されていた穀類は、コメ、小麦、キビ、アワ、レンズマメだった。夫人の墓には漆器類や飲みものの器も数多くあり、ある漆器の上には、なんと竹の箸が置かれていた（口絵7）。

箸と匙はナイフとフォークのコンビとは違う

箸のほか、漆塗りの木の匙や、先端が楕円形で柄の長い匕（あいくち）も出土した。箸も彩色してあるが、匙のほうが洗練された作りだ。向井由紀子と橋本慶子は共著の研究書『箸――ものと人類の文化史』（法政大学出版局）をまとめていて、そのなかで二人はこう推測している。

「軑夫人は生涯にわたって箸を使っていたと思われるが、墓で発見された豪華な食器や匙は埋葬するための副葬品ないし儀式道具ではないか。軑夫人は、ときに手食もしていたのではないか」

墓から匙と箸、その他の食事道具がともに発掘されたのは、馬王堆漢墓だけではない。漢時代のほかの墓でも、見つかっている。そのような状況から、匙と箸の併用が進んでいたと信じる学者が増えている。それが事実だとしても、フォークとナイフのような分かちがたいセットではなかったように思える。フォークとナイフの場合は、両の手にそれぞれを持ち、一方で食材を押さえ、もう一方で切る。中国の場合、箸と匙で同時に口に運ぶことはしない。

漢時代の墓の内部には、石の彫刻や壁面絵画が残されていることもある。調理中や、食事の場面も出てくる。たとえば四川省・新都（しんと）の浮き彫りには、宴会の様子が描かれている。三人の男が床にすわり、中央の男が左側から料理を運んでくる人物を、箸で指し示している。料理の皿の上にも、箸が置かれている（口絵4）。さらに床の中央にある大きな敷物の上にも、箸が何膳も置かれている。山東省・嘉祥（かしょう）にある武氏祠（ぶしし）にも、食事風景を描いた壁画がある。息子が父親に食べさせている場面で、息子は左手に箸、右手に匙を持っている。息子の背後に立つもう一人の召使いが、食器を持って控えており、まだお代わりが残っていることを示している。この場面は、漢王朝が後押ししてきた儒教の精神を具現化したもので、親に対する子どもの忠誠心を表現している。

宴会や親子の場面は、『史記』の記述を裏づけるもので、漢時代には箸が主要な食事道具であったことを実証している。また、箸と匙は並んだ状態で発掘されることが多いが、口に運ぶ道具として必ずしも同時に使われていたわけではないことも示している。息子が父親にあてがっている匙には、おそらく穀物が入っているに違いない。通常の匙の大きさと比べると、やや大きめだ。馬王堆から出土した漆塗りの匙から推察できるのは、大ぶりの匙は個人用ではなかったのかもしれない、という点だ。たいていの匙は柄まで含めて一八センチと長く、先端の玉の部分は幅六センチもある。つまり考えられるのは、給仕用だろうということだ。馬王堆では小さい食器のボウルもたくさん見つかっていて、楕円形で底が浅く、両側に「耳」が付いている。考古学者は、酒用か汁もの用だろう、と推測している。「耳」は持ち手に違いなく、口まで持ち上げるためだと思われる。ミレット類の粥にも適していて、口で吸うのであれば匙も要らない。

もし漢時代の食習慣がそれ以前とほぼ変わらず、食事道具と手食が平行しておこなわれていたとすると、大きな変化が起きたのは漢時代の末期、二世紀のはじめごろではないかと思われる。食事道具が広く普及して、手食がしだいになくなっていく。文字の記録としては、「匕箸」（匕＝匙）と記されている。この表記が最初に現れたのは、陳寿（ちんじゅ）がまとめた『三国志』（三国とは、三世紀の魏（ぎ）、蜀漢（しょくかん）、呉（ご））のなかだ。陳寿は漢王朝の衰退から書き起こすが、その原因は皇帝たちが若すぎ、側近に能力が欠け、軍人がのさばったためだった。武将としては、たとえば董卓（とうたく）（?〜一九二）がいる。陳寿の記述によれば、董卓は反対勢力を脅して権力を手に入れ、漢で実権を握った。たとえば、あるときは宴会を開いて権力者たちを招待し、その席に捕虜たちを連れて来させて舌を切り、目をくり抜き、手足を切り落としてみせた。このような地獄絵を見せられて、参会者たちは「匙や箸を取り落とし、恐ろしさに震えた」。だが董卓は平然と酒を呑み、飯を食らった。陳寿はその状況を活写しているが、漢の終わりごろには匙と箸がセットになって広く普及していたことが分かる。

箸が主役の座に

陳寿は、この場面のほかにも、匙や箸に触れている。次は、もっとよく知られた話だ。やがて魏を建国して武帝になる曹操（一五五～二二〇）と、のちに蜀を建国する武将・劉備（一六一～二二三）が会食したときの話だ。曹操も武将で、漢王朝で董卓に続いて権力を振るっていた。曹操は、劉備を食事に招く。劉備も漢王朝で高い地位にあったが、曹操のほうが年齢のうえでも地位のうえでも先輩だった。会食に先立って、劉は皇帝から曹を暗殺するよう、密かに命じられていた。食事が始まろうとしたとき、曹は乾杯を提案した。

「オレたち二人は、この国で並ぶ者なき英雄だ。ほかに、大したヤツはおらん」

陳寿の話は続く。さては暗殺計画に気づかれたか、と劉はいぶかり、恐怖で匙と箸を床に落としてしまった。

これだけでは、食事道具として匙と箸だけが使われていたのかどうかは明らかではないし、手食もおこなわれていたのかどうかも分からない。だがこれが描かれた三世紀ぐらいから二〇世紀に至るまで、中国の文献には「匙箸」という表記が頻出する。そこから判断すると、三世紀ごろの中国では、手食よりも食事道具を使うほうが一般的になって、社会通念化してきたと思われる。

箸が指の延長として有効であることが広く知れ渡ってくると、手食はすたれてきた。司馬遷が描いた周亜夫の物語が示しているように、漢時代に箸は、すでに『礼記』で教えられているような、汁のなかの野菜をつまみ上げるだけの道具ではなくなっていた。箸はすべての食べものを細かく仕分け、つまんでは口に運んで嚙むための食事道具になっていた。商（殷）時代の青銅器の食器はかなり大きいので、古代中国の人びとは大きな肉の塊を食べていたのではないか、とも想像できる。そして客人が食べる前に体裁よく嚙み切ったとも考えられる。『礼記』の記載には、こうある。「湿り気があって柔らかい肉であれば、歯で食いちぎることも可能だが、干し肉ではそのようなわけにはいかない」。これを読むと、食いちぎっておくことは社会的に認知され、決して礼儀に反するものではなかったことが分かる。だが乾し肉をたっぷり嚙んで分離するのは、その限りではなかったようだ。

だが周時代が終わりに近づいたころ、新たな食習慣が芽生えてきたようだ。最初は、インテリの上流社会で取り入れられた。肉を望みの適切な大きさに切り分け、きれいに盛りつける風潮が出てきた。孔子の思想の流れだとも言われるが、弟子たちによると孔子は肉をあまり食べなかったという。思想の根源は、肉を適切なサイズに切ることではなく、どのようなソースをかけるかでもない。孔子のお好みは「混じり気のないコメのごはんで、肉もごく細かく切り刻んだもの」だったという。

肉を細かく切り刻むというのは、獣肉が手に入りにくい貴重なものだったからなのだろうか。事情は、定かではない。だが歴史資料を読むと、周の政府は牛肉の消費を抑えるよう通達を出していた。ウシや家畜、水牛は農耕に役立つからだ。子ヤギやブタ、イヌなどの肉は、祝いごとなど特別な日のごちそうにとって置いた。したがって、『礼記』では、次のようにいましめている。

しかるべき十分な理由がない限り、たとえ王子といえどもウシを殺してはならないし、高級役人といえどもヒツジを食してはならぬ。小役人もイヌ、ブタはお預けだし、庶民は贅沢な食事はまかりならぬ。

孟子の指示は、次のようにもっと厳格だ。

自宅には、適切な間隔でクワの木を植えるべし。五〇歳の男性は、絹の服を着てもよろしい。ニワトリ、ブタ、イヌに忘れずに餌を与え、七〇歳を超えたら、肉を食べても構わない。

小動物の肉を一口サイズに

大型の家畜類の肉を食べることは規制されていたため、中国人はニワトリ、キジ、アヒルなどの小型動物を愛好した。これらの肉なら、切るのにもそれほど苦労しないですむ。一口サイズに切り刻むのも、困難ではない。それが、中国人の好みにも合う。これは重要な点で、この伝統的な性向は、漢時代に孔子らが説き始めて国家の精神的な支柱になった、儒教の考え方に基づいている。一般庶民も、食事に関する掟(おきて)に従うようになったと思われる。それが、洗練された文化的なしきたりになった。

馬王堆から発掘された遺跡から、当時の食習慣の一端を垣間見ることができる。この漢墓からは三一二編の竹簡(ちくかん)(当時の書物)が出土したが、そのなかには料理法を記したクックブックもあって、調理法まで詳述している。したがって私たちは「あぶり方、強火での焼き方、浅い鍋での焼き方、蒸し方、揚げ方、鍋ものの作り方、塩加減、天日干しのやり方、漬けものの作り方など、この時代の食文化の奥義を学び取ることができる。おそらくだれもが知りたがったのは、羹と呼ばれる汁あるいはシチューのおいしい作り方だろう。竹簡に書かれたレシピによると、この分野は「肉スープ」と、「野菜などを加えたミックス・スープ」の二つに分けられる。「肉スープ」には九種類あって、ウシ、ヒツジ、シカ、ブタ、子ブタ、イヌ、カモ、キジ、ニワトリなどが加えられる。ミックス・スープには、肉のほかにコメなどの穀類や野菜などが入れられ、種類が多彩だ。たとえば、塩漬けの魚、タケノコ、若いヒョウタン、フナ、新鮮なチョウザメ、ハスの根、カブ、野草なども混ぜ合わせる。だが、大型動物の肉を加えるとは書いていない。ニワトリなど小動物の肉を細かく刻んで入れるだけで、小片のほうが効果的だということを、だれもが心得ていたように思える。

二〇世紀に中国の評論家として名を馳せた林語堂（一八九五〜一九七六）は、「混ぜ合わせの芸術」と評している。料理の小さな素材がそろうと、鍋に投げ込んでぐつぐつ煮込む。混ぜて口に運ぶには、肉にしても野菜にしても、箸が最も適した道具だ。この食習慣は、漢の時代にはすでに定着していた。したがって、眼前に大きな肉塊を出された周亜夫が、箸はないかとあたりを見渡したのは当然だ。ナイフや匕もなかった。周時代には、肉でもその他の料理でも、箸で食べる習慣が一般化していた。

中国人は歴史の早い段階で、ナイフやフォークがあまりなじまないうちに敬遠してしまった。大きな肉塊をさばくのが、苦手だったように思える。司馬遷は、『史記』のなかで、次のようなエピソードも紹介している。劉邦の伝記なのだが、面白いので要点を記しておこう。

劉邦がまだ兵を集めていたころ、彼のライバルだった項羽(こうう)が、現在の西安に近い鴻門(こうもん)での宴席に劉邦を招いた。だが、これは計略だった。項羽の勢力は劉邦の軍勢を上回っていたから、これを機に劉邦の軍を根こそぎ殲滅させる腹だった。劉邦の護衛・樊噲(はんかい)は、うさんくささを感じ取り、宴席に割って入った。項羽は劉邦に、生焼けのブタの足を出した。樊噲はひるまず、自分の刀で切り裂いてむさぼり食った。それを見た項羽は仰天してたじろいだ。その隙に、厠に行くという口実で、劉邦を逃がした。後年、劉邦は項羽を打ち破り、漢を興すことになる。

この『史記』の記述のおかげで、「鴻門の会」として知られるこの一件は、歴史上で有名な逸話として残った。暗殺が失敗したことを奇禍として形勢を逆転し、逆に項羽のほうが死ぬ羽目に陥る筋だからだ。興味ある点は、樊噲の英雄的な行動が、肉塊の難題を克服したために成就できた、というところだ。

小麦粉から麺を作る技術の進展

漢時代には、肉塊の取り扱いに勇気を示したことで英雄になれたのだが、その背景を分析すれば、その当時には肉をあらかじめ一口サイズに切り刻んで置くことがしだいに常識的な習慣になっていたことを示している。漢時代よりあとの歴史家・范曄（三九八～四四五）は、この点をさらに深く考察している。

ある男が、朝廷に対する陰謀に加担したかどで逮捕された。母親が獄中の息子に食べものの差し入れをしに出向いた。看守が男に食べものを渡したとき、だれが作った料理かは明かさなかった。だが彼は、賞味して涙を流した。食べ終わると、彼は看守にこの料理を作ったのは母だ、と告げた。どうして分かったのだ、と尋ねると、男は答えた。「母は肉を真四角に切り、タマネギも必ず同じ大きさに切る。だから、調理の主は母だと見当が付いた」

この「ちょっといい話」を見ても、漢時代には食材を一口サイズに刻む風習になっていて、汁ものに入っている野菜ばかりでなく、穀物以外の食べもののすべてを箸で食べていた傍証になる。

漢時代に始まった箸の普及と広まりという「食文化革命」は、別の面でも強力に進行していた。つまり小麦を製粉し、練って生地を作り、切って麺を作った。中国北部の各地で、新石器時代の遺跡から麺の名残が発見されている。たとえば、小麦を磨り潰すための原始的な窪んだ石臼と、磨り潰すための丸石のセットがあちこちで出土している。ただし、西安近郊にある新石器時代の中・後期の仰韶文化（紀元前五〇〇〇～三〇〇〇）や、山東省・大汶口文化（紀元前四〇四〇～二二四〇）では、石臼は発見されていない。食物史の専門家のなかには、穀物粉食の麺に移行する前に、穀物を蒸したり茹でたり炊いたりするほうに向かってしまったのではないか、と推測する者もいる。*

＊原注＝石毛直道の推論。

小麦は煮るにしても蒸すにしても、中国語では「麦飯」だ。コメやミレット類と同じように、砕かずにまるごと調理加工する。だが麦飯はパサパサ、ポロポロしていて、食べにくい。したがって、麦飯は質素でつましい食事の代名詞にされた。ある役人が麦飯を常食としていたら、たとえ皇帝から栄誉を受けた人物であっても、真っ正直で道徳に厳しい男だとして世間から高い評価を受けたというエピソードも残っている。だが、麦飯の食べにくさを改善する方法もある。たとえば、小豆や大豆、野菜などほかの食材を加えて炊き込む。あるいは、タネや花を混ぜて香りを付ける。エンジュの花も、よく使われた。匂いが、食欲を誘う。だがやはり、口当たりはコメやミレット類にはかなわない。平均的なミレットの、コーリャンよりも劣る。

ところが小麦をいったん粉にして練ると、抜群においしさが増す。これが、現在の一般的な食べ方だ。中国人は、漢の時代にこの点に気づいた。およそ紀元前一世紀から、窪んだ石臼と磨り潰す丸石という道具のほか、回す挽き臼も使っていたと見る点で、考古学者と歴史家の見解は一致している。これで、餃子の皮や麵を作るのが容易になった。河南省・周口の漢時代の墓からは、一九五八年に三つの挽き臼が出土した。それから一〇年後の一九六八年、河北省・満城の漢時代の墓から、保存状態のいい挽き臼が発掘された。さらに、哲学者・桓譚（かんたん）（紀元前二三〜紀元五〇）が書いた『新論』のなかに、さまざまな種類の挽き臼に関して、次のような記述がある。

農業の神・伏羲が杵と臼を発明して以来のすばらしい道具がこの挽き臼で、多くの者がこの恩恵を享受している。時とともに扱い方もうまくなり、自分の体重をかけて穀物を磨り潰すのも巧みになった。そのため、以前に比べると一〇倍も効率がよくなった。さらに進んで、牛や馬、ロバなどを動員することまで覚え、水力で動かすことも学んだ。そのため、効率は一〇〇倍もよくなった。

この漢時代には動物や水流を製粉に利用したために、小麦粉など穀物の粉が中国では広く普及するようになった。

それを使って、中国語でいう「餅」が一般化した。小麦粉を水でこねたものを指す。この語の語源をさかのぼると、戦国時代の思想家・墨子（紀元前四七〇〜三九一。発音は「もーじ＝Mo Zi」）に由来するらしく、漢時代の記録によく登場する。*


*原注＝墨子（Mo Zi）の「子」は「食」に通じ、食へんに、「（小麦粉を）混ぜ合わせる」という意味のつくりを付け、彼の名前の音もかけて「餅」の字ができた。

小麦粉による六つの食品

二世紀に劉熙がまとめた辞書『釈名』には、小麦粉を練った食品として六種類が挙げられている。餅にどれほどの人気があったのか、を示す証拠として、別の歴史的な資料『後漢書』が裏づけている。前漢の九代・宣帝（在位＝紀元前七四〜四九）は、帝位に昇ったのちも、町の行商人から餅を買っていたという。また後漢の一〇代・質帝（在位＝一四五〜一四六）は、餅好きだったために命を落としたという。悪意を持った家臣が、毒入りの煮餅を食べさせて暗殺したと言われる。

漢の皇帝たちは餅を愛好したため、原料である小麦の生産も奨励した。とくに当時の首都周辺、現在の西安のあたりが、主産地になった。前漢の一一代・成帝(せいてい)(在位=紀元前三三〜七)の下でこの分野を担当した役人の氾勝之(はんしょうし)は成果を挙げて昇進し、それを本にまとめた。この書は中国で最初の食物史とでも言えるもので、冬蒔き、春蒔き小麦の育て方のコツも記載している。また崔寔(さいしょく)(一〇五〜一七〇)がまとめた漢時代の農業カレンダー的な教科書『四民月令』では、春蒔き小麦は最初の月(二月)に蒔くべきで、秋蒔きは八番目の月(一〇月)に蒔くよう指示している。それから何世紀にもわたって、小麦の生産は奨励され続けた。唐の時代には、中国北部では小麦がミレット類と肩を並べるようになっていた。その過程を、くわしく追ってみよう。

粉に挽くことが容易になったため、中国人は小麦粉を練って麺を作り、それが人気を呼んだ。この流行は、中央アジアが東南アジアにもたらしてくれたものかもしれない。漢王朝の北方民族には放牧民が多く、政府当局としては統合に手を焼いている地域だった。北西域の異民族は「胡人(こじん)」と呼ばれ、蛮族として軽蔑されていた。漢以後の食文化について、ワシントン大学のデイヴィッド・クネヒトガス教授(中国学)は、次のように指摘している。

「西域の文物には、胡という接頭辞がつけられることが多く、中世初期までは中央アジア、インド、さらにペルシャ起源のものまで含まれていた」
西域は漢王朝にとって悩みのタネで、国境地帯への侵略がつねに懸念されていた。だが同時に、放牧の近隣民族は交易の中継相手として重要な窓口だった。この地域を貫通している有名なシルクロードが、中心的な通商路だった。前漢の外交官・張騫（紀元前一六四〜一一四）は、武帝（在位＝紀元前一四一〜八七）の命を受け、一〇年に及ぶ歳月をかけて西域を踏査し、シルクロードの根幹を構築した。張騫が中国にもたらした具体的な物産としては、多くのくだものや野菜、穀類、それにウマがある。よく知られている物産としては、牧草のアルファルファ、エンドウマメ、タマネギ、ソラマメ、キュウリ、ニンジン、クルミ、ブドウ、ザクロ、ゴマなどがある。これらはいずれも、のちの中華料理に欠かせない食材になった。

漢時代の中国が餅好きになった陰には、中央アジアの影響があった。三世紀も終わりに近づいたころ、文筆家・束皙が多彩な餅の種類を列挙している。唾が出そうな食品を称賛し、その作り方のコツなどを記した。饅頭を作るには、まず薄く延ばして浅い鍋で軽く焼いていったん麵餅にしたほうがよろしいとか、焼くのがいいとか、汁に入れる湯餅は季節によって何かを加えるのが好ましい。だが汗をかく夏にこそ、水分補給に役立つとか、冬には麺餅がお勧めだ、という具合だ。彼は饅頭(マントウ)が好みで、「中国のパン」と呼び、春の暖かくなった時期がふさわしいと語っている。たとえ肉が入っていなくても、さまざまな香辛料を加え、おいしい食べ方を指南している。肉や野菜を包み込む餃子は箸で食べるが、餡をくるんだ包子(パオズ)は手で食べる。六世紀に賈思勰(かしきょう)が書いた農業百科『斉民要術』には、一〇種類あまりのレシピが記されている。それによると、練った餅からパンケーキふうのものを焼く場合もあったし、拉麵(ラーメン)やワンタンに仕立てたりもした。いま多くの人が食べているものと、それほど違ってはいない。

束皙は、冒頭の美しい詩のなかで、次のように謳っている。

「餅を作るようになったのは、わりに最近のことだ。これは一般庶民の間から生まれたものなのか、外国から到来したものかは定かではない」

たしかに、追究できないのだろう。だが漢時代には「胡餅」と呼ばれるのが一般的だったようで、中央アジアから到来したのではないか、と思われる。漢一二代の霊帝(れいてい)(一六八〜一八九)は、「胡」のものが好きで、衣類もテントも座席もすわり方も、食べもの、楽器、踊りも、エキゾチックなものを愛好した。したがって、宮廷の側近たちもそれに倣った。やがて、中国全体にその風潮が広がった。漢軍の兵隊にも、「胡」が採用された。漢末期の武将・董卓(とうたく)は、「胡」の騎馬軍を重用して指揮官にも抜擢した。胡餅もやはり小麦粉を水で練ったものだ。劉熙帝が二世紀に「最も人気のある六つの小麦食品」を挙げたとき、「胡餅」はトップの座を占めた。彼の表現によれば、「(胡餅は)平らなパンのような形で、上にゴマがパラパラ載っている」。インドのナンのような感じだったのかもしれない。中央アジアでは、当時から現在に至るまでこれが愛好されている。新疆ウイグル自治区のウイグル人たちはこのパンをナンと呼んでいて、毎日、食べている。中国で芝麻(ゴマ)焼き餅(シャオピン)と呼ばれているものも、その変形だろう。

　胡餅や焼いた餅、つまりパンの類を食べる際には、必ずしも食事道具は必要ではない。したがって漢時代の中国では、匙や箸は共食の際にも必需品ではなかった。とくに穀物が小麦粉を加工したパンの類である場合は。漢の末期になると、ひところ大きかった中央アジアの影響も薄らいできた。胡餅は確かに人気があったが、焼いたパン類は中国では主流にならなかった。劉熙の『釈名』に記されている小麦粉を使った人気食品は、初期の麺類で、中国の伝統的な調理法である、茹でたり蒸したりした餃子だった。三世紀に入ってから劉熙が激賞する小麦粉食品は、すべて中国ふうに調理されるようになっていた。練った小麦粉は蒸して饅頭(マントウ)という形になり、フライパンで軽く焼いた麺餅になった〔訳注＝「餅」とは、小麦粉の生地の意。つまり、パンケーキふう〕。さらに、湯餅と呼ばれる麺が出現した。束皙は、季節の移り変わりに伴う麺の食べ方についても次のように助言している。

――暖かくなる春には、饅頭がふさわしい。夏には、湯餅がお勧めだ。夏は汗をかくから、汁がたっぷり含まれているものが体にいい。冬は寒い気候だから、麵餅がよろしい。

饅頭と包子の広がり

束皙は、個人的には饅頭がお好みだったらしい。「中国式のパン」と言ってもいいかもしれない。饅頭は時代とともに、中国全土で日常的に食べられるようになった。饅頭と並んで、包子(パオズ)にも人気があった。これは、小麦粉の皮で肉や野菜、甘い餡などを包み込んでいる。

包子は餃子と似た作りで、薄い皮で中身をくるんでいて、ともに蒸す。長い歴史のなかでは、茹で餃子のほうがやや一般的だった。包子と餃子は似ているが、食べ方に違いがある。餃子は箸で食べるが、包子は手で食べる。小麦粉食品として広く愛好される麵は、箸で食べるのが便利だ。束皙もそのころから見通していたように、箸は麵に適している。時代が下るにしたがって、小麦粉を原料にした大別して二種類の食品が、中国人にとってはほかの何ものにも勝る重要な主食になった。南北朝末期の学者・顔之推(がんしすい)(五三一～五九五)

は、次のように記している。

「餃子にはきわめて人気があり、いまや世界のだれもが食べる料理になってきた」

その点に関しては、一世紀後の別の例証を挙げることもできる。日本から遣唐使として中国を訪れた円仁（えんにん）（慈覚大師。七九四〜八六四）は、八三八年から八四七年までの九年間、唐に滞在して『入唐求法巡礼行記』という日記を著した。そのなかで彼ら一行は、中国人からひんぱんに餛飩（ワンタン）を振る舞われた、と書いている。一行は麺もよく食べているが、唐時代にワンタンはそれほど一般的ではなかったと思われる。

漢時代以後は麺や餃子が広く普及したため、箸も日常的に使われるようになり、穀物やそれ以外の食品を食べるときにも箸を使うようになった。「はじめに」でも触れたように、小麦粉食品が増えてきたために、穀類と非穀類の区別がしにくくなり、「飯菜」というミックスメニューが増えた。たとえば餃子の中身も、穀物と非穀物が混ざり合っている。麺にしても、ソースや汁とミックスする。餃子も麺も、箸で口に運べる。汁を飲むときには、箸は補助的な役割しか果たさない。椀を口のところまで持ち上げ、傾けて直接飲むからだ。日本では、この方法がいいとされている。それによって、麺の食事の仕上げになる。日本では、味噌汁の具を箸で食べたあと、最後は残りの汁を飲んで終える。

箸が普及したことによって餃子や麺を食べるには確かに便利になったが、そのあたりの歴史をもう一度おさらいしておこう。語り伝えられるところによると、餃子を考案したのは漢時代の薬理学者・張機（張中京〈景〉とも。一五〇～二一九）だとされる。だが実際には、それよりかなり早い時期に出現している。紀元前四世紀の墓の遺跡から、餃子の原型が見られる、と考古学者で食文化に詳しい王仁湘は言う。餃子は英語ではダンプリング（団子）と表現されているが、これが一般に普及したのは宋の時代（九六〇～一二七九）だ。

ワンタンも麺も中国人の考案か

一方、ワンタン（中国語では「餛飩」）は、もっと早い時期から食べられていた。三世紀はじめの言語学者・張揖が編纂した大部の辞書『広雅』の表現によると、ワンタンは「練った小麦粉を丸めたもので、小さな三日月型になっている」。最古の麺も中国で発見されているし、ワンタンも中国人が考案したものらしいから、ともに誇るに足る発明品だ。パスタにも種類が多いように、麺も多種多様だ。最もよく知られているのが、ラーメン（拉麺）だ。しるそばは、鎖餅（つながった形から）、唐餅あるいは水引餅（お湯のなかで茹でられるため）などと呼ばれた。鎖餅は細く、日本では素麺、朝鮮半島ではソムヨンと呼ばれる。

麺の人気は、東アジアからシルクロードを伝って西のほうに広がり、中央アジアやさらに西域の現在の新疆ウイグル方面にまで浸透していった。中国は中央アジアから多くの植物やくだものを取り入れたが、こんどは麺でお返しした。東アジアの食文化に詳しい石毛直道によると、ウイグル語で細い麺を指す「ラグマン」あるいは「レグマン」という単語は、新疆ウイグルから中央アジアの広い地域で使われているが、それは中国語の「ラーメン」から派生しているとしている。麺は、さらに西方に伝播(でんぱ)していった。中世トルコの言語を研究しているアメリカ人の歴史学者ピーター・B・ゴールデン(一九四一〜)によると、「パスタ複合体(コンプレックス)」は、一世紀から一四世紀の長期にわたって、東アジアから匈奴(きょうど)やモンゴルなどの遊牧民たちを通じて、地中海にまで達したという。ゴールデンは、麺と箸の分かちがたい関連についても述べている。彼はさらに、中世トルコ語で箸を説明する次のような一文を紹介している。

「箸は二本の細い木でできた道具で、これでマカロニを食べる」

箸が広く普及するにつれて、もっと高価で長持ちする材料で作った箸も出現した。一般庶民が日常的に使う箸は木や竹でできていたが、中国で発掘される一世紀以降の箸には、金属製のものが目に見えて増えてくる。六世紀から一〇世紀にかけては、銀の箸が目立つようになる。考古学者の劉雲(りゅううん)によれば、箸は新石器時代からさまざまな材料で作られてきた。動物の骨もあれば、真鍮、竹、木などさまざまだ。漢時代初期の馬王堆などの墓から出土した箸は竹製が多かったが、漢時代の末期になると真鍮の箸が出てくる。しかし「隋や唐の時代になるとかなり大きな変化が見られ、貴金属やヒスイ、変わった動物の骨で作った箸も出現した」という。

一九四九年以後、中国で発掘された遺跡から出土した箸のなかでは、銀製が最も多くて八七膳になる。時期は六世紀から一〇世紀の間、隋から唐の時代に当たる。銀箸の古いものとしては、隋王朝（五八一～六一八）の首都だった長安（現・西安）の近くで見つかったもので、それ以後は中国の各地で発掘されている。銀箸が多く発見されているのは、中国北部ではなく、南部の揚子江流域だ。八七膳のうち三六膳が江蘇省丹徒で出土したもので、三六膳が浙江省長興で見つかっている。

銀の箸が好まれた理由

銀箸の所在に偏りがあるのは、偶然の結果なのかもしれない。だが確かなのは、隋、唐の時代には金属の箸が増え、とくに銀製が目立つようになったことだ。つまり、流行だったと思われる。その理由は、いくつか考えられる。まず、耐用性があって長持ちする。箸は穀物もそれ以外の食物にも対応できる、万能の食事道具なので、丈夫なほうが望ましい。次に、銀は毒物のヒ素に反応して色が変化すると一般に信じられていたため、毒が混入していても探知できるとして重宝がられた。したがって、中国ではとくに金持ちや権力者たちに愛好された。第三に、唐時代以後、中国北部ではヒツジなど肉の消費量が増えた。

さらに、学者たちが指摘しているように、生活水準が上がったし、唐時代には金属加工の技術が向上して銀の箸も簡単に作れるようになって値段も安くなった。銀やほかの金属の箸には、頭の部分や全体に模様が入ったり、金が嵌め込まれるものさえあった。これほど精巧な箸は、それ以前には見られなかった。唐時代にはこのように芸術性の高い箸が出現して、中国でも日本でも「工芸箸」と呼ばれている（口絵27）。高度な技術を駆使した美術品もあり、箸の地位が向上した証拠とも受け取れるし、贈りものとしてやりとりされるようになった。

唐王朝の時代は中国王朝史のなかでも黄金時代で、ずっと以前の漢時代と双璧をなしている。唐は、広大な版図を誇っていた。西方にも大きく伸びていたため、中央アジアや南アジアとも通商を開いていて文物の交流も盛んだった。唐王朝の幹部には、中央アジアの草原出身の者もいたという。政権基盤が安定してからは、北部や北西部の遊牧民との交易も奨励した。異なった宗教にも寛容で、文化交流も図った。したがって東アジア史における国際化時代だとも言われる。この時期に箸文化圏も広がり、日本にも伝わった。

唐の門戸開放政策によって、異民族と接触することで、食事道具にも多様性が見られるようになった。だが唐王朝のこの路線が、弱点を生んだとも言える。それ以前の漢時代以後、北方の遊牧民たちがたくさん中国に移民してきた。そのため従来の中国の農民たちは揚子江流域にまで南下した。中国史では漢のあとには「南部王朝と北部王朝」が勢力を握るようになった。遊牧民たちは、中国北部や北西部で実権を持っただけでなく、南部や南西部も牛耳るようになった。だが政権はみな長続きせず、五胡十六国時代という乱世に突入してしまう。どの国も中国を統一できず、六世紀の末になって隋が中国をまとめるのを待たなければならなかった。続いて七世紀のはじめから、唐が支配する。このように南北が分裂している状況だったため、食文化の面でもばらつきがあった。北部では遊牧民の影響があって肉食や酪農品が増え、南部では米食が増加し、魚や野菜の消費も多くなった。このような食生活の変化が、文学作品にも反映されている。六世紀の半ばにまとめられた楊衒之（ようげんし）の『洛陽伽藍記』に描かれているのは、南部出身の王粛（おうしゅく）が北魏（三八六～五三四）で奉職したときの生活ぶりだ。北部の人たちはラム肉を食べてミルクを飲むのだが、彼は南部流に米飯と魚汁に固執する。彼は北部の食事に辟易するが、北部の人たちは王粛の食習慣を軽蔑する。

漢の滅亡から唐の建国までの間に、東アジアでは仏教の影響が大きくなった。だが面白いことに、中国に対する仏教の影響は様相が違っていた。大乗仏教は、北部を経由して中国に入ったと思われている。仏教は動物の殺傷をいましめているが、北部の遊牧民たちは相変わらず多くの肉を食べていた。仏教が東アジアの食生活にどのような影響を与えたのか、そのテーマで本を書いた姚偉鈞によると、モンゴルやチベットの住民にとって肉や酪農食品は不可欠なため、肉食を制限することなど考えも及ばない、としている。その通りだと思える。ところが中国南部の伝統的な食文化は北部とは違い、肉食を控えることもできた。南部の梁(りょう)王朝(五〇二〜五五七)の武帝(ぶてい)は敬虔な仏教徒で、はじめて肉食禁止令を出した。禁欲主義者だった武帝は、自らも肉を口にしなかった。彼は一日一食主義で、それも玄米とマメのシチューだけで、酒や肉は抜きだった。

好みはブタ肉からラム肉へ

唐の皇帝のうち、何人かが仏教徒だった。だが、肉食を禁じた者はいなかった。唐王朝を開いた李一族の出自が、北西地域の遊牧民だったためかもしれない。中央アジアの食生活が中国北西部に与えた影響について、アメリカの考古学者E・N・アンダスンが論文にまとめている。「共通しているのは肉を好む点で、とくにラム肉を愛好する。中国のほかの地域では、このような習慣は見られない」と言う。これは、驚くには当たらない。農学者で『斉民要術』を著した賈思勰は、唐の時代以前、人生の大部分を北部で過ごしていたため、食用のために飼育するヤギやヒツジなどの飼育法についても言及している。彼の記述によると、中国人の間では五世紀ごろからラム肉の人気がしだいに高まってきた。王利華は『中古華北飲食文化的変遷』のなかで、さまざまな歴史資料を付き合わせたうえで、唐の時代、中国北部ではラム肉がブタ肉に取って代わって最も消費量の多い肉になったと記している。唐の政府は高位高官の報奨としてラム肉を与える習慣があったが、ほかの肉がご褒美に使われることはまずなかった、ともある。総体的に言えば、唐時代にはそれ以前と比べて、肉の消費量が増えた。

もっとも、肉の消費量が増えたからといって、この時代の遺跡から金属の箸が増えたということと因果関係があるとは断定できない。人びとの嗜好の変化は、実用性や伝統、習慣、思い込みなどによっても起こるからだ。だが金属の箸が木や竹の箸より耐用性があることは間違いないし、動物の焼き肉は、加熱調理した魚や野菜より硬いことも確かだ。朝鮮半島で金属の箸がいまでも好まれるのは、箸文化圏では特異なことだが、朝鮮料理ではほかのアジア諸国と比べると肉が多用されていることと関連があるのかもしれない。朝鮮半島では伝統的に真鍮や青銅が箸に使われてきたが、いまではステンレス製が多い。中国の場合と同じく、銀の箸は毒物を検出できると信じられているから、朝鮮半島でも金持ちは銀の箸を愛好したし、いまでもその伝統が続いている。ところが日本では、近年に至るまで何世紀にもわたって肉食の習慣がなかった。したがって日本では、圧倒的に木の箸が好まれる。金属の箸は、まるで歓迎されない（日本人が木の箸を好む理由は、次の章で述べる）。

炒めたものに便利な箸

肉食ないし肉を材料にした食事が多い社会では、ナイフとフォークを使う傾向がある。だが唐時代の中国では、肉の消費量が増えてもそれまで通り箸と匙が使われ続けた。漢以前からの習慣を踏襲し、肉は調理前に一口サイズに小さく刻んでいた。したがって、箸の便利さには変わりなかった。そのうえ、茹でたり焼いたりという調理法に加えて、漢時代以降、鍋で炒める調理法に人気が出た。これを作るにも食べるにも、箸が便利だった。炒めるためには、まず中華鍋に油を入れて温める必要がある。そこに、細かく切った食材を入れてかき混ぜる。炒めものの利点は、エネルギーを効率的に使えることだ。火の上で焼いたりあぶったりするには時間がかかるが、炒めものは簡便にできる。食材をあらかじめ細かく刻んであるので、炒めものは短時間で仕上がるし、食材同士の混ぜ合わせが相乗効果を生む。漢時代に小麦を粉に挽くことで調理の幅が大きく広がったが、中国では穀物以外のものも挽いた。たとえば、ゴマやナタネも磨り潰して植物油を作った。『斉民要術』

には、ゴマの栽培法やゴマ油を利用した炒り卵の作り方まで記されている。現在の調理法と、まったく同じだ。唐時代以後は、木炭の質もよくなったため、炒めものはさらに広まり、調理としても質が向上した。炒めものは中国食文化における一つの重要な突破口だった、と評価する学者も少なくない。炒めものの食材も細かく刻まれているから、箸でつまんで食べやすい。そればかりでなく、鍋でかき混ぜるにも箸は便利だ。

箸はますます有用になっていたが、匙もまだ米飯や粥を食べる際には役立つので使われ続けた。唐の時代になっても、米飯の普及度には地域差があった。中国は長江（揚子江）をはさんで北と南に分けられ、南では古くからコメが主食だった。残念なことに、唐の首都は北部の長安（現・西安）にあったため、残っている文献の大部分は北で記録されたものだ。中国北部や北西部では、穀物といえばまだミレット類が主体だった。ミレット類の長所は旱魃や水害に強いことで、さらに虫にもやられにくく、これらは捨てがたい利点だった。唐政府は、ミレット類を倉庫に貯蔵していた、と記録されている。同じ記録によると、小麦も貯蔵されていたとある。

つまり、小麦粉を原料とする食品にも魅力があり、北部でも日常的に小麦粉食品も消費されていて、主食の幅が広がっていることも示している。王利華の考察では、ミレット類の牙城が小麦の進出によって揺らいできたことも暗示していると見る。唐の食文化を研究している別の学者・王賽時は、「餅（小麦粉を練った食べもの）という文字が多出する」とし、漢の時代と比べて「餅」の種類がきわめて増えた、と述べている。インドのナンのようなパンも好まれた。だが唐時代になると、蒸したものや油で揚げたもの、汁麵などが圧倒的な人気を博すようになった。唐の人たちは、麵なら熱いものも冷やしたものも好物だった。冷やしたものは、日本のそばに似ている。唐時代には、麵は客人の接待にも供された。

だが中国北部の人びとにとって、「飯」といえばいぜんとしてキビやアワなどのミレット類を炊いたり蒸したりしたものというイメージが主流だった。小麦にしても粉には挽かず、まるごと炊いて粥にするのが普通の食べ方だった。したがって唐時代の標準的な「飯」とは、各種穀物を炊いたドロドロした食べものを意味した。唐九代・玄宗（在位＝七一二～七五六）の重臣だった雪霊之（六八三～？）は、あるとき寵愛を失って嘆きの詩を記すが、その原因は間違った食事道具を使った家臣がいたためだった。詩には、こうある。「飯がねとねとしている場合には、匙は使いにくい。一方、粥が薄い場合、箸は役に立たない」。つまり、飯は匙で菜は箸で、という原則から外れたために嫌われたのだった。雪霊之はさらに、飯はあまりべとつかないように炊き上げるべきだ、と諭している。くっつきやすいと、匙で食べにくくなるからだ。唐時代の別の役人で詩人だった韓愈（七六八～八二四）も、「炊き上がった飯がべとついていても、匙を使って食べる」と記している。だが加齢に伴って歯がなくなってくると、あまりねとつかない飯のほうが匙で食べやすい、と友人に述懐している。そしてゆっくりと、ウシが反芻するように長い時間をかけて嚙むのだと記した。

飯はあまりにもねばつくので、韓愈は粥にしたほうが口当たりがよくなるので好きだ、という。米飯と粥の区別はどこで線を引くのかあいまいだが、粥のほうが水気は多く、流動的だ。ところが濃い粥はしっかりしていて、傾けても動かない。しかし水気の多い粥もあって、傾ければ流れる。漢時代以後、一九世紀の終わりにかけて、中国では粥と飯のほかに「水飯」と「湯飯」と呼ばれる食品を考案した。この二つの区別も、またあいまいだ。明(みん)の時代(一三六八〜一六四四)には、「稀飯」ということばも加わった。意味は「薄めた飯」で、現在でも使われている。いずれも液体の形になっているが、作り方が違う。粥も稀飯も、匙のほうが食べやすい。

韓愈など唐の文筆家たちは、匙は「流動物をすくい取る」という意味で「流匙」と呼んだ。これなら、匙にこびりつく心配はない。そこで唐の詩人たちは流匙を「滑らす」という表現を用いた。豪華な祝宴について、唐の詩人・白居易(はくきょい)(七七二〜八四六)は、次の短い詩でやや大げさに匙を称えている。

「魚はきわめて美味。脂が下の火に落ちて炎がゆらぐ。粒状の穀物も極上でなめらか。匙に流れ込み、口へと運ばれる」(「白氏長慶集」)

匙の工夫と使い分け

このように匙を使って流れのいい食べ方をするためには、二つの条件が必要だ。一つには匙の表面がなめらかでなくてはならないし、鍋にも適度の水分が含まれていて、すくいやすい柔らかさである必要がある。第一点に関しては、中国唐時代の匙は銀ないし真鍮という金属製だったから、木製と比べてなめらかさに問題はない。第二点についての確証はないが、唐時代の文献では流匙のなめらかさ加減について盛んに言及されているから、今日の飯と粥の中間ぐらいの柔らかさだったのだろう、と推定できる。適度の水分を含んでいたから匙ですくいやすく、匙にこびりつくこともあまりなかったに違いない。学者たちが指摘しているように、粥は健康によく、病人食としても理想的だ。唐時代の墓の発掘現場からも、それが実証されている。匙には二つのタイプがあって、一つは窪みが浅くてほとんど平らに近く、持ち手部分が短い。もう一つは窪みが深くて、柄も長い。前者はおそらく穀物用で、後者はスープ用だったと考えられる。一方、先端が尖った匕(あいくち)型の匙は、新石器時代にはたくさん見られたが、唐のころには見かけなくなった。だが匕という単語は、匙を指すものとして何世紀にもわたって使われ続けた。

また唐時代の文献によると、ミレット類は穀物の主役の座から滑り落ち、王座は小麦に取って代わられてきた。だがコメは、中国北部ではまだほとんど栽培されていなかった。ところが唐時代に中国各地をめぐった円仁和尚は、仏教の寺ではたいていコメの粥を供されたと書き記している。小麦の消費量は激増したが、政府は中国北部でもコメの栽培を奨励していた。唐の首都・長安がある関中地域では、とくに米作が進められていた。このあたりは湿度が高く、米作に適していたし、政府で働く役人たちにとって、コメを食べることは贅沢な生活を送る象徴でもあり、この受け取り方は孔子の時代からの伝統だった。円仁も、コメのほうがミレット類より値段が高いと記している。役人たちは科挙の試験に合格したエリートたちだから、コメが食べられる身分であることを示したかったに違いない。詩人の杜甫（とほ）（七一二～七七〇）は、唐政府の役人としては高位な官吏ではなかったから適切な例とは言えないかもしれないが、唐の首都・長安に近い場所の宴席でコメの食事をしたときの様子を詩に詠んでいる。北部出身の杜甫は、コメのうまさに感激して、白い碁石にたとえた。彼は晩年、米作が盛んな長江上流の四川省成都（せいと）で何年か暮らしていた。だが彼の詩を見ると、彼は伝統的な手法にのっとって、ごはんを匙で食べていた。

王利華は唐の食文化に関して、次のように観察している。

「中国北部は政治の中心だったから、全中国に対するコメの生産比率がいまより高かったと思える」

王利華によると、灌漑設備もかなり完備していて、イネの実りもよかった。だが当時の法廷記録によると、水利件に関しては論争があったようだ。水は水田に引く以外に、水車を回して製粉していたためだ。水利権争いについて王利華は、従来の製粉事業に水田の灌漑用水が割り込んできて水をさらっていくことに起因していると見ている。だがアメリカの中国研究家エドワード・E・シェーファー（一九一三〜九一）によると、北部で米作が増えたことは間違いないが、唐時代には小麦やミレット類を超えるほどではなかったようだ。したがって、唐時代、北部で飯と言えばまだコメよりもミレット類や小麦を指すことが多かったし、人びとは伝統に従って匙を使っていたようだ。雪霊之の場合が、その典型例かもしれない。彼はコメを主食としていた福建省の出身なので、箸を操ってコメを食べるのに苦労はしなかった。だが彼は詩のなかで、飯を食べるときには匙を使う、と記している。

ここでまとめると、中国では漢から唐の時代にかけて、農業や食文化のうえでかなり目立つ変化が起きた。それが、食事道具の変化も招いた。この時期のはじめのうちに、中国では手食から匙と箸を使う方向に移行して、その風習が定着した。この時期全体を通して、匙のほうが主役だった。なぜかと言えば、穀物としてはアワやヒエなどのミレット類が主体だったため、口に運ぶ道具としては匙のほうが便利だったし、社会の風潮に合っていた

（孔子をはじめ儒教で勧める食べ方だった）。だが小麦粉を材料にした麺をはじめとする食材に人気が出たため、中国全土で箸が有用であることが認識され、穀物ばかりでなく穀物以外でも箸を使う傾向が強まった。したがって、箸が匙を凌駕して主役に躍り出るようになってきた。漢と唐時代の彫刻や壁画を見ても、食事道具としては箸が主体、ないしは箸だけが使われている（口絵10）。唐の影響力はアジア全体に及んでいたから、箸は唐の版図を超えてモンゴルの草原や朝鮮半島、日本、インドシナ半島にも普及した。時間と場所によっていくらかの特色やユニークさは持っていたにしても、箸文化圏が形成されていった。

3

箸文化圏の形成
——ベトナム、日本、朝鮮半島、そしてさらに広域に

東洋の食べものと箸の調和は、単に機能性だけの問題ではないし、道具にすぎないと片づけるわけにもいかない。食材は細かく刻まれているので箸でつまみやすいし、たった一つの動作で口に運べるし、この道具はなんと二つに割れている。

ロラン・バルト『表徴の帝国』

ハーヴァード大学のサミュエル・ハンティントン教授（一九二七〜二〇〇八）は、一九九六年に『文明の衝突』というベストセラーを世に出した。彼は、世界には、西欧のユダヤ・キリスト教文明、東アジアの儒教文明、中東のイスラム文明という三つの主要な文明

があるとした。もしこの三つで世界を分けることができるなら、これは宗教的な伝統による区分であるとともに、政治機構の違い（ハンティントンはこの点が最も重要だと考えた）でもあるが、面白いことにこれは食文化や食習慣の区分であるとも言える。ハンティントンは、この点には顧慮していない。本書の「はじめに」でも触れたように、一九七〇年代には日本の食物史研究者である一色八郎が主張し、一九八〇年代になるとアメリカの歴史家リン・ホワイトも同調しているが、世界の食文化も三分割される。①手食派。②フォーク・ナイフ・スプーン派。③箸派。一色によると、①は世界人口の約四割を占め、南アジア、東南アジア、中近東、アフリカなどの人びとだ。②はおよそ三割で、ヨーロッパ、北南米の住民。③も約三割で、中国、日本、朝鮮半島、ベトナムなどが該当する。これらは画然と分離されていて、一色は主食の違いに基づくものだとしている。つまり肉が主体であるかどうか、あるいは穀物か地下塊茎（ちかこんけい）であるかによっても異なってくる。食材の準備段階から食事の礼儀、食卓のマナーにも違いが出てくる。地理的・人口動態的な観点からの見方として、一色とホワイト、ハンティントンの見解は共通している。

概観的にはその通りだろうが、箸文化圏の内部でも微妙な差異がある。食べものを口に運ぶ道具は主として箸に頼っているにしても、ときに補助道具も使う。外国人観光客が観察したら、場所によって箸の種類や使い方が異なるし、ときと場合によっては匙なども併用していることに気づくだろう。たとえば、箸の材料は木が多いし、日本人は圧倒的に木の箸を好む。日本のきちんとしたレストランでは、たいてい白木の（おそらくは柳の木で作った）箸が用意されている。中国の同等クラスの飯店では、派手な陶器の匙と、箸が供される。箸の頭の部分には金メッキが施されているか、凝った彫り細工が見られる。韓国ではどこでも、箸と匙の両方が用意されているが、たいていステンレス製だ。中国では古代から、竹の箸も使われてきた。木とともに、いまでも竹の箸は多い。ベトナムでも竹は豊富にあるので、竹の箸が愛好されている。だがベトナムは紫檀製の高級な箸をアジア諸国に輸出している。ベトナムは竹箸、日本は木箸だが、両国には共通点もある。ともに食事道具は箸だけで匙は使わない、という原則だ。どうして、このような習慣になったのか。時代とともに、変化していったのだろうか。この章では、このような、箸文化圏内部での歴史や特性を考察していこう。

箸の輸出はベトナムが最初

箸文化圏の成立の順番からいって、ベトナムから始めるのが適切だ。中国の隣国のなかでは、ベトナムが最初に箸を常用するようになったからだ。両国は歴史的・文化的に密接な関係にあるが、習慣の違いをベトナムの著名な歴史家グエン・ヴァン・フエン（一九〇八〜七五）は、次のようにまとめている。

食事どきになると、床の真んなかに木製か銅製のトレイに載せられた数々の料理皿が運び込まれる。人びとは周囲にあぐらをかいてすわり、それぞれの箸で取り分けて、食べものを細かく砕く。

この情景描写は、中国の食事風景とそっくり同じだ。それもそのはずで、むかしからベトナムと中国南部、東南アジア諸国の風習は似通っていた。ただしベトナムの歴史は、近隣アジア諸国とは異なっている。紀元前三世紀ごろから一〇世紀ごろまで、中国の歴代王朝はベトナムを支配下に置いていた。とくにベトナム北部は中国の強い影響を受けてきた。

中国南部の長江（揚子江）や珠江の流域は米作地帯だが、さらに南方のベトナムも穀物と言えばコメが圧倒的だ。最古のコメが見つかっているのは揚子江の河口デルタ地帯だが、ベトナムも中国南部と同じくらい古く、新石器時代からコメを栽培していたようだ。ベトナムは、アジア米のふるさとの一つだと考えられている。イギリスの人類学者フランチェスカ・ブレイは、次のように記している。

「水稲栽培は、紀元前三世紀の半ばごろまでに、あるいはそれ以前にも、（ベトナム北部の）

紅河デルタで始まったと考えられる」

紅河デルタの主要農産物はコメで、とくにメコン川と合流するあたりでは川と湖が入り組んで水稲栽培に適している。地形上、ベトナムは漁獲量も多い。漢時代の史家・司馬遷は、「コメが主要な穀物で、魚汁が主たるおかずだ」と書いている。この記述は、そのままベトナムにも適応できる。逆にグエン・ヴァン・フエンが描いたベトナムの食事風景も、中国南部の状況とそっくりだ。

長江（揚子江）流域に住んでいた中国人と同じく、ベトナムの人びとはコメを常食とし、魚を主体にしたおかずを食べていた。ベトナムの言い回しに「コメの飯と魚の菜に勝るものなし」というのがあるが、これはもともと「子連れの母ほど麗しき光景はなかりけり」という諺(ことわざ)をもじったものだ。また、「コメさえあれば、すべてよし。コメがなければ、すべて不如意(ふにょい)」という諺もある。ベトナムで客を遇するということは、コメと魚の食事を供するということを意味する。したがって、他人の家に赴けば、魚とごはんをたっぷりいただくことになる。ベトナムではコメの種類も豊富だった。低地では、陸稲(おかぼ)もあった。ベトナムの格言には、次のようなものがある。

「もし高地に水田を持っているなら、高枕で寝られる。低地で稲作すれば、おちおち眠ってもいられない」

稲作地帯では羹（かん）（シチューふうな濃いスープ）が好まれていたが、これに関しても格言がある、

「コメを食べたければ、穀倉地帯に住め。羹で満足なら、その必要はない」

中国南部と同じく、ベトナムでも最も一般的なおかずは「魚汁」だった。

コメを主食とする中国南部とベトナムは、食習慣の面でも似ている。ともにもち米を栽培していて、どちらでも祝いごとや儀式のときに食べる。中国語のもち米（糯）の発音は「ヌオ」だが、ベトナム語では「ガオネップ」。どちらでも、旧暦正月のときに食べられる。もち米で作られた蒸し菓子も、正月には欠かせない。中国ではさまざまな形があるが、ベトナムでは一種類「バン・テト」だけ。プリンストン大学の文化人類学者ニール・アヴィエリは、「バン・テト」は祭りの食べものの「イコン」みたいなもので、国家的なシンボルになっている、と評している。「バン・テト」を作るためには、まずひと晩、もち米を水に浸しておく。ブタ肉やグリンピースなどを混ぜ、ササの葉でくるんで型押しする。長い時間、お湯につけて蒸す。これは中国南部や台湾の粽（ちまき）（中国語では粽子）と似ている。現在では、もっぱらボートレースの「ドラゴンボート・フェスティバル」のときに食べられる。この粽は、戦国時代の楚（そ）国の政治家で詩人の屈原（くつげん）（紀元前三三九～二七八）の死を悼んで作られた、という説がある。だが中国・浙江省南部で越南（ベトナム）に接するあたり

では、もっと古い時代から正月に粽を食べる習慣があったようだ。

米菓は、米粉の新粉からも作る。中国北部では小麦粉を練ってさまざまな食品を作るが、中国南部やベトナムではコメが豊富にあるため、米粉を使う。それも、もち米を原料として、塩気のある菓子や甘い菓子を作り、文化的・宗教的な行事で捧げものとして供える。葉でくるむことはしないが、葉のエッセンスで色づけすることがよくある。蒸したものが多いから、箸で食べるのが理想的だ。ただしお祭り用だから、食べるのは供えたあと。したがって、手で持って食べる。米菓は中国やベトナムばかりではなく、東南アジアの米作地帯にはどこでもある。これらはたいてい、手で食べる。

しるそば「フォー」になじむ箸

米粉(ビーフン)でも、麺を作ることができる。これは、ベトナムあるいはほかの東南アジアの国から、中国にもたらされた。現在のベトナムのしるそば「フォー」には、コメの細い麺に薄いビーフかチキン、タイ・バジルやミントなどの薬味、ライム、もやしなどが入っている。フォーは、ベトナム以外の国で最もよく知られたベトナム料理だ。このしるそばは、具こそいくらか違っていても、中国南部や南西部でも広く食べられているものとよく似ている。フォーはしるそばが一般的だが、焼きそばにすることもあり、中国では炒粿条(チャークイティオ)と呼ばれて好まれていて、シンガポール、台湾、マレーシア、インドネシアでも人気がある。もやしやエビ、ニラ、醤油や香辛料を加えることも多い。これは、中国とアジアが影響し合った料理だと言える。フォーの語源は広東語の粉（ビーフン麺）にあるし、炒粿条は中国南部・福建省の方言に由来している。ベトナムに移民していた中国人コミュニティが、最初に中国に持ち帰った可能性も考えられる。

移民は強制的なものであっても自由意志であっても、文化の交流には大きな役割を果たす。中国古代王朝の秦や漢は、国境付近の前線に駐屯兵の城砦を築き、新たに占領した地域に移民の居住地を作って防衛を強化し、植民地化を図った。司馬遷らの歴史書などによると、中国南東部の沿岸流域、現在の浙江省から福建省、ベトナム北部の紅河渓谷周辺の「越」をほぼ支配下に治めていたようだ。戦国時代のひところ、越は浙江省のあたりまで勢力を及ぼした時期もあったが、中国はやがて「越南（ベトナム）」を制圧する。秦王朝（紀元前二二一～二〇六）の始皇帝が中国全土を統一すると、すぐ越を制圧するため大軍勢を送った。指揮を執った一人、趙佗（紀元前二三〇ごろ～一三七。ベトナム名＝チュー・ダ）が、ベトナム北部を軍事的に支配した。だが祖国の秦は短期間で崩壊したため、彼は旧秦の軍勢を独自に率いて、秦の後継国家・漢王朝とも縁を切ってベトナム南部にまで侵攻し、越南国を樹立して初代皇帝になった。

趙佗は自国を防衛し、権力基盤を強化するため、「北方の中国に通じる峠道を閉鎖し、自分に歯向かう役人を排除した」。だがやがて漢との外交関係を復活し、漢が越南に対して宗主権を持つことを認めた。紀元前一一一年に越南国（ベトナムでは「チュー王朝」と呼ぶ）は消滅した。漢政府は旧越南を七つの行政区に分割したが、うち二つが現在のベトナム領に重なっている。閉鎖されていた峠道は再開されて中国領になり、中国の影響力がふたたびベトナムに及ぶようになった。この状況が、一〇〇〇年も続いた。もっとも、ベトナムの自治権もいくらか認められていたようだ。だがベトナムの自治政権はどれも長続きせず、九三九年になって呉権（ゴ・クエン）（八九七〜九四四）が箸文化圏に呉王朝を開いた。越南はもろに中国の影響を受け続けた。東南アジアの食文化を研究している、ヨーク大学の文化人類学者ペニー・ヴァン・エステリクは、次のように述べている。

「中国の影響が強いこの地域でも、ベトナムはとくに食事面で中国式を大幅に取り入れ、すべての食事で箸を使う唯一の国だ」

さらに彼女によれば、ベトナム以外の東南アジア諸国では、箸を使うのは中華料理および麺を食べるときに限られる、という。

箸文化圏の研究で、向井由紀子と橋本慶子は、ベトナムが食事道具として箸を取り入れたのは、中国の文化的な影響がいかに大きかったかを示す証左だと指摘している。以上のことから、ベトナムは中国の支配を受けたことによって、箸文化が定着したと思われる。竹の箸は両国に見られるし、箸のデザインや特性も共通している。具体的に言えば、箸の本体部分は丸くて、頭が四角。向井・橋本の指摘では、中国の古代からのたとえによれば、四角は地、丸は天を表していると思われる。箸の長さもベトナムと中国ではほぼ同じで、平均すると二五センチ以内で、それより長いものは少ない。それでも、日本や朝鮮半島で好まれるよりは長い。ベトナムでも、金持ちは中国と同じように象牙の箸を愛好した。ところが、このような嗜好は、日本では芽生えなかった。地理的な問題が、大きいに違いない。ゾウは東南アジアや南アジアでは現在でも棲息しているが、日本にはいなかった。

日本に伝えたのは小野妹子

日本列島ではそのような違いはあるものの、中国南部やベトナムとの共通点もある。日本の食の中心は、コメと魚だ。気候が温暖で（北海道だけが例外）、海岸線が長いおかげだ。食事道具がほぼ箸だけというのはベトナムと日本の二国だけで、それだけでこと足りるし、しかも効率がいいからだ。食事の中心は、炊いたごはんと魚を主体にしたおかずだ。一色八郎によれば、太古からこの二つが日本人のお気に入りで、そのためナイフとフォークには背を向けた。一色の説明によると、日本では、箸は食べものを口に運ぶだけではなく、魚の肉を骨からほぐすうえでも便利だし効果的だ、と言う。だがそれは日本に限らず、コメと魚が食生活の中心である、ほかの東南アジア全域の食生活にも共通している。だが箸だけに全面的に依存しているのはベトナムと日本だけだ。日本人のコメ好きはよく知られているが、ウィスコンシン大学の文化人類学者・大貫恵美子が指摘しているところによれば、かつて一般庶民は日常的にコメの「銀シャリごはん」を食べることもままならなかった。そこで、小豆や雑穀を混ぜて炊いたりした。そうなると、日本人を米食民族だと決めつけるのもおかしい気がする。銀シャリは贅沢品だという意識が、コメ好きにしているのではないか、と見る向きもある。

ベトナム人と日本人だけが食事道具をほとんど箸だけに頼っているということになると、日本人は七世紀ごろまで食事道具をいっさい使っていなかったのだろうか。一つ、ヒントになる書物がある。

陳寿(ちんじゅ)がまとめた『三国志』の舞台は三世紀の話だが、そのなかに日本人の生活を語った場面がある。「日本人はコメや麻を栽培しているし、蚕にクワの葉を食べさせて絹を作っている」。食習慣に関して、陳寿は、こう記す。「日本人は、木の椀や竹の網籠から、手で食べものを口に運ぶ」。この通りだったとすれば、日本人の食事方法は何世紀も同じだったということになる。唐の時代、朝廷の歴史家たちが六二一年から六三六年の間にまとめた『隋書』のなかでは、日本の食習慣について、次のように記されている。

「日本人はたいてい、盆や皿を持っていない。食べものを葉の上に載せ、手で口に運ぶ」

二つの書物とも、日本人は漁労がうまく、動物の肉よりも魚や貝を好む、とある。『三国志』ではさらに具体的に、日本にはウシ、ウマ、トラ、ヒョウ、ヒツジなどの大型陸上動物はいない、と書いている。『隋書』の記述が正しいと踏まえたうえで、向井・橋本の共著者たちは、七世紀のはじめには上流階級の一部は箸や匙を使い始めていたのではないかと推察している。唐の記録によると、六〇七年と六〇八年の二回、推古女帝（在位＝五九三～六二八）は官吏の小野妹子を、隋第二代・煬帝のとき、遣隋使として中国に派遣している。隋に滞在して中国語を学びながら、小野妹子と随行員たちははじめて箸と匙という食事道具を体験する。小野妹子が最初に日本に帰国したとき、隋は航海王と呼ばれる裴世清と一二人の随行員を日本に同行させた。小野妹子も裴も、日本の朝廷に箸と匙という食事道具を取り入れるよう勧め、日本側も積極的に採用した。

中国では六一八年に、王朝が隋から唐に移った。だが中国の文化を熱心に取り入れようとする日本の風潮は、衰えるどころかむしろ盛んになった。したがって「大陸ふう」のものはなんでも歓迎、というムードが九世紀末まで続いた。最後の遣唐使は八三八年に中国に送られた。大乗仏教は朝鮮半島を経て日本にもたらされたが、遣唐使や中国の布教使節が努力した影響も大きい。中国に赴いた仏教徒の円仁和尚らも尽力した。日本の皇室や上流階級の人びとは、中国の文化に魅了された。だが一般庶民は、相変わらず手食していた。八世紀の末ごろに完成したとされる『万葉集』の和歌のなかには、竹のひごで編んだ籠や木の葉に食べものを入れて旅に出る様子を詠んだものがある。この状況は、先に述べた『隋書』の記述と合致している。

　考古学の研究によって、日本でも七世紀には箸が広まり、それまでの匙だけの時代から変化してきたことが分かっている。紀元前三世紀の弥生時代の遺跡である静岡の登呂（とろ）遺跡や奈良の唐古（からこ）・鍵遺跡から出土しているのは木の匙だけで、これは食事道具として使われていたに違いない。登呂遺跡では、木の箸とおぼしきものが見つかっている。長さ三五センチほど、直径が〇・二センチから〇・六センチだが、個人の食事道具ではなく、調理用の箸だと思われる。しかし六四六年ごろの遺跡、つまり小野妹子が中国から帰還してから何十年かあとの住居跡には、初期の箸と思われるものが出土している。学者たちは、中国文化の影響だと見ている。これらの箸は、奈良・明日香にある飛鳥京跡の板蓋（いたぶき）宮遺跡で見つかった。ヒノキ製で中央部分が膨らんでいて、両端はとんがって細くなっている。長さは三〇センチから三三センチで、両端の直径は〇・三センチから一センチ。またそれより時代が下がった藤原京（首都だった時期は、六九四〜七一〇）でも、箸が出土している。こちらも、建材用のヒノキ製だ。形は板蓋宮のものと同じで、両端が尖っている。だが長さは短くなって、一五センチから二三センチ、先端部分の直径も〇・四センチから〇・七センチと細い。このような違いを見て、向井・橋本の二人はこう推察する。板蓋の長いほうは祭事に使った配膳用のもので、藤原京の短い箸は建設労働者が個人的に使い捨てにしたものではないか、と。

八世紀の日本では広く普及

七一〇年に日本の首都が、こんどは同じ奈良でも藤原京から平城京に移った。ここに都があったのは七九四年までの八〇年あまりだが、この平城京跡では五四膳のヒノキ箸が、調理場に近い溝や井戸の周辺で見つかっている。どれも似たような形をしていて、中央部分が膨らみ、両端ないし片方が細くなっている。長さは一三センチから二一センチまでさまざまだが、直径はどれも〇・五センチほどだ。一九八八年になって、平城京ではさらに大きな発見があった。奈良時代に建立された東大寺の近くで、二〇〇膳あまりのヒノキ箸が発掘された。前に見つかったものと、デザインはほぼ同じだ。どれも二五センチほどあって長め、尖った先端は直径〇・五センチほどで、中央部分は膨らみ、頭は丸くて直径一・五センチほどある。向井・橋本の二人は、これも藤原京の場合と同じく、東大寺を建設した労働者たちが食事後に捨てたものと推定する。考古学者たちは、静岡県にある八世紀末の遺跡からも箸を発見している。やはりヒノキ製で、長さは二二センチから二六センチでよく磨かれ、直径は〇・六センチほどだ。中央部分が膨らんで、多面体になっている。両端は、やや丸みをおびる。これらから総合判断すると、日本では八世紀の時点で、箸はもはや上流階級や僧侶の特権的な贅沢品ではなくなっていたと思える。

日本で見つかった初期の箸の特徴は、隋や唐時代の箸ときわめてよく似ている。中央部分が太くて丸くなっていて、両端が細くてやや尖っているか、細くなって切られている。唐時代の箸にも長さにはバラつきがあり、一八センチから三三センチ、平均して二四センチほどだ。中国のもっと古い時代のものと比べると、長くなっている。日本の初期の箸は、東アジアの箸文化の歴史を研究するうえで意義深い。まず、隋・唐時代の中国で出土した箸に、木製のものはきわめて少ない。唐時代の文献によく現れるのだが、ほかに言及があるのは金製やヒスイ、サイのツノ、芳香のある木でできた箸だ。次に、この時期の箸は中国でも日本でも、デザインがほぼ同じだという点が挙げられる。材質がなんであっても、中央部分が丸く膨らんでいて、両端が細くなり、切り落とされている。中国のものを真似たということは言えても（この点については、このあと、あるいは以後の章で詳細に論じる）、このような特性は中国でも隋・唐の時代の箸に、とくに特徴的な点だと思える。それ以降の時代には見られない。後代になると、細くなるのは一方の端だけというのが、中国の箸の一般的な特性だ。もう一方の頭の部分は四角くなっていくが、おそらく卓から転げ落ちるのを防ぐためだろう。この特性は、ベトナムの箸にも見られる。第三に、もし日本の建設労働者が箸を使い捨てにしていたのだとすれば、世界で最初の「使い捨て箸」の元祖になると言える。

八世紀以後、日本では文献にも箸が登場する。『古事記』と『日本書紀』には箸の記載があるし、ほかの資料にも記されている。東大寺の僧侶は、「亀の甲羅で作られた箸を寄贈された」と寺の記録に書き残しているし、この資料にはほかに、南米原産で木目の美しいジリコテ（シャム柿）で作った箸も所有している、と記している。だが残念ながら、二つとも現存していない。わりに数の多いヒノキの箸は、建設労働者が捨てたものかどうかは別にしても、東大寺の周辺でも見つかっている。

東大寺の資料によると、この時期に箸を外国から持ち帰る、「舶来の箸」が増えた気配が感じられる。これら「輸入もの」の箸にはさまざまな素材のものがあった。銀製もあれば、さまざまな銅の合金も含まれていた。一〇世紀に日本で編集された朝廷の儀式・作法・事務手続きなどを記した教本『延喜式』を見ると、日本でも中国や朝鮮半島と同じく、銀製や白銅の箸が珍重されていたことが分かる。金属製の箸は輸入品に違いないと思われ、使用できるのは皇室や高貴な人びとに限られた。六等級以下の者は、竹の箸を使うよう指示されている。だがその竹の箸も、輸入品だった可能性もある。それというのも、一色八郎によれば、日本の初期遺跡のなかからは竹の箸が出土していないからだ。日本でも竹は豊富にあるが、中国やベトナムとは違って竹の箸は一般的ではなかった。その理由は、次のような事情があったためかもしれない。

日本には少ない竹の箸

小野妹子が中国から日本に箸をはじめて持ち帰ったころ、彼は中国で体験した通り、匙との併用ぶりを紹介した。それから三世紀ほど、奈良時代（七一〇～七九四）と平安時代（七九四～一一八五）を通して、日本の皇室や貴族社会がこの中国の伝統を守ってきた。九七〇年ごろに成立したとされる『宇津保物語』は、貴族の生活ぶりも描写している。高貴な女性が出産したあと、さまざまなお祝いをもらう場面がある。お料理もあれば、食器や食事道具もある。そのなかには、銀の箸と匙も含まれている。一〇世紀末から一一世紀のはじめに書かれた随筆『枕草子』で、宮廷に仕えた著者・清少納言は、隣の部屋から聞こえてくる食事の際の金属の箸と匙のぶつかり合う音に耳をそばだてる。だが時代が経つにつれて、中国の影響は薄れてくる。金属の食事道具はしだいに遠ざけられ、箸と匙を併用

する習慣も薄れてきた。一三世紀末に書かれた『厨事類記』には献立や食事に関すること
がらがまとめられているが、それによると、銀の箸は「お通し」を食べるのに使うだけで、
ごはんやおかずを食べるときには木の箸を使う、とある。銀箸は長く、木の箸のほうが短
い。

平安時代以降の日本では、中国の影響が薄らいでくるとともに中国に対する興味も失わ
れ、竹の箸を作ることにも関心がなくなってきたようである。日本では、家具類にも竹を
利用する伝統があった。『隋書』や『万葉集』には、竹ひごで編んだ弁当箱のことが出て
くる。現在でも、その風習は踏襲されている。日本の文学や民話では、竹がもてはやされ
ていて、『竹取物語』はその代表格だ。竹を切る仕事をしていたおじいさんが、あるとき
幹のなかに美しい少女を見つけ、妻と一緒に大事に育てる。娘が成人して多くの若い男が
言い寄るが、この「かぐや姫」はすべてを断り、自分は月からの使者なので戻らなければ
ならないと説明し、去ってしまう。

この竹取の話は『万葉集』にも出てくるので、日本の民話だと思える。だがこの物語に
は、中国の影響があるのかもしれない。日本の中国文化学者・伊藤清司によると、中国の
伝承を翻案したと考えられるという。伝承によると、中国版では、地球で育ったある少女が
月で暮らしたいと思い、やがて月で女神になる。この話は、中国ではむかしから語り継が

れている。中国版によると、月に呉剛という竹切り職人が住んでいた。また竹が多い四川省にも、似たような話がある。

竹の箸の話は、『古事記』や『日本書紀』にも出てくる。神功皇后が三世紀に朝鮮半島に攻め入ろうとしたとき、神の加護を願ってヒノキを燃やし、その灰を柏の葉でくるみ、竹の箸とともに海に流して勝利を祈念した。これが功を奏し、三世紀のはじめに日本の皇后は朝鮮半島の一部を制圧した。その副産物として、日本で竹の箸が作られるようになった。魚料理用の真菜箸（まなばし）（あるいは菜箸、盛り箸）が、その例だ。真菜箸はいまでは木製や金属製もあるが、日本人が食事に使う箸と比べれば長い。

一色八郎『箸の文化史』の冒頭で紹介されている神話は、素戔嗚尊（スサノオノミコト）が天上から日本の地に派遣されたとき、川上から箸が流れて来たのを見て、上流に人家があると信じて遡上して行く。はたして、ある家族に出会う。『古事記』と『日本書紀』が編纂された八世紀には、食事に箸を使うことが一般化していた。ところで、川を流れてきた箸は対（つい）になっていたのだろうか。『万葉集』のなかの一句が、その答えを教えてくれる。兄弟を失った男が、こう嘆く。「親は私たち兄弟を、一膳の箸のように、互いに向き合うように育ててくれた。弟は、朝露のように消えてしまった」〔訳注＝大伴家持が弟・書持（ふみもち）の夭折を悲しんだ長歌ではないかと思われる。〕

スギ、ヒノキ、ヤナギの箸が好まれた

日本は森林面積が広いから、どこへ行っても木の素材は容易に手に入る。木の箸が多いのはそのためだろうし、ヒノキやスギ、マツで作った箸が多い。これらの常緑樹は、日本文化では生命力の強さを象徴する樹木だ。大樹の老木を「御神木」としてあがめる風潮もあり、参拝する者も多い。したがって、ヒノキなどで作られた箸のほうが竹の箸より珍重された。一色八郎は自著のなかで、日本各地で長いこと受け継がれている「箸杉信仰」について語っている。スギのほか、ヒノキやヤナギもお祝い箸としてよく使われる。

樹木信仰は、神道の考えに基づいている。したがって日本人は木製の製品が好きで、木の箸を好むのもその延長線上にある。神道では、木ばかりでなく石、川、山なども「神の領域」で「自然の霊」が宿っているとして「自然の力」があがめられる。樹木も、「木霊(こだま)」を持っている。木霊と接触しやすいように、神社を建立する建材には、木肌を剥いだ白木を使う。神社内部の家具調度品もほぼ同じく白木で、漆(英語で「うるし」は「ジャパン」)も塗らない。神道でも、参拝客が手水(ちょうず)で手を清めるときの柄杓に、竹を使うこともある。だが、全体的には木製が圧倒的に多い。

神道は、日本の箸文化にさまざまな影響を与えている。素材を主として木に限定したこ

ともその一つだが、使い方に関しても制約を課している。まず、長持ちさせるために塗り箸を奨励した。中国でもおこなわれていた方法だし、日本でも塗り箸の習慣はあった。地方によって方式は異なっていたし、漆以外の塗料もあって、鮮やかな色づけもある。だが一方で神社の建築材のように、白木のままで粗削りのものもあった。日本では、その白木箸が最も格が上だった。使い手は、「自然（木霊）と忌憚なく対話できる」からだ。寺社で宗教行事に使われる白木箸の素材は、伝統的にヤナギかヒノキだった。神と人はこの世でもつながり合っていて、食事もともに摂る。つなぎ合わせの橋渡しをしてくれるのが、白木箸という「お箸」だった。使い道によっては、「神箸」や「霊箸」にもなった。天皇は神道の神だから、白木箸を使う。

日本では、仏教も箸文化に大きな影響を与えた。仏教は、余分なものを廃したがる。肉や贅沢な食べものも、敬遠する。アジアの寺院では僧も尼僧も簡素な食事に徹し、粥と野菜が主な食べものだった。円仁の日記『入唐求法巡礼行記』には、寺院で寝泊まりした際にもそのような食べもので遇された、と記されている。粗食に似合うのは質素な食事道具であり、やがて箸だけがその役割を担うようになるのだとすれば、その先鞭を付けたのはほかならぬ僧侶であったと考えるのが妥当だろう。僧侶たちが素材として好んだのは、安く手に入る木だった。

円仁が中国に赴く一世紀ほど前の八世紀半ば、中国の仏僧・鑑真(がんじん)は、何回か失敗したあげくやっと日本に到達した。日本の皇室や貴族たちの間で、箸が使われ始めた直後だった。中国で箸の収集家として知られている藍翔は、鑑真が実際に箸で食べる「実演」をやって見せたことが箸を普及させるうえで弾みになった、と見ている。小野妹子が日本の皇室に箸を紹介したが、鑑真の影響で箸が広く普及したと、藍翔は推察している。確かに東大寺の周辺で多くの木の箸が発掘されているし、鑑真は来日以来ここを本拠としていたのだが、それを結び付けるのは短絡かもしれない。仏教の影響は、日本の食文化にも変化をもたらした。懐石料理は、仏教のお寺に起源がある。懐石料理はいまでは優雅で高価なものになっているが、かつて木の箸は、容器の隅に残ったものをつまみ出すという役割もあった。ところで余談ながら、日本では箸は膳の上で体に平行して置かれ、両手で持ち上げるのが礼儀にかなっていたが、これもお寺で始まった習慣だ。

懐石料理に使われる箸は、「利休箸」とも呼ばれる。禅の修行を積んだ千利休(一五二二~九一)は茶道の師で「茶聖」とも呼ばれたが、彼の名を冠した箸は中央部分が太くて両端が細く、日本で初期遺跡から発掘されたものに似ているし、中国・唐時代の箸のデザインと同じだ。両端が切られているので、両口箸とも呼ばれる。なぜ、このような形になっているのだろうか。懐石料理にはさまざまな食材が混じっているので、箸の両端をひっくり返して区別しながら使うためではなかろうか、と推測する人もいる。箸は宗教行事や祝いごとなど公式な場面で使われることもあり、それは以下の章で詳述する。

異なった食材を食べる際には違う箸を使うという考え方は、日本では懐石料理以前からあった。前にも引用した『厨事類記』では、前菜には銀の箸を使い、ごはんには木の箸を使うよう諭している。その後、魚を食べるときには真魚箸(まなばし)、おかず用には菜箸と使い分けた。いずれも片方の端を切った片口箸だ。真魚箸は、菜箸より長かった。室町時代(一三三六～一五七三)になると、日本料理では優雅で格式の高い本膳料理というコース料理が確立された。高足の第一膳では、魚を骨からほぐしたり、貝の身を剝がすには真魚箸を用い、野菜などのおかず用には菜箸を使った。『日本飲食文化』の著書がある徐静波は、一六世紀の終わりごろになると、大部分の日本人は一膳の箸ですべてのものを食べるようになった、という。両端とも先が尖っていて真魚箸の機能を持っていたし、短くして菜箸の役割も果たした。現在の日本の箸の形に似ていて、ほかのアジア諸国の箸とはデザインが違う(口絵16)。

朝鮮半島では六世紀から

朝鮮半島における箸の歴史は、おそらく日本より長い。考古学的な推定によると、朝鮮半島では、食事道具としては箸よりも匙のほうが一般的だったようだ。発見された最古の匙は、動物の骨でできたもの。場所は、現在の北朝鮮・咸鏡北道の羅津遺跡で、およそ紀元前七〇〇〇年〜六〇〇〇年ぐらいのものらしい。もう一か所は、平壌に近い楽浪で見つかった模様つきの漆塗りの匙で、年代は紀元前一〇八年から三一三年ごろのものと推定されている。最古の箸は青銅製で、朝鮮三国時代の六世紀初期のものだ。見つかったのは百済の王廟で、五〇一年から五二三年に統治していた王の墓だ。ほかの二国は、高句麗と新羅。この箸は二本が対になり、青銅の匙と一緒に出土した。王室では、これが食事道具として使われたのだろうと思われる。中国の風習と同じだし、デザインも当時の中国のものに似ている。結構どっしりしていて、中央部分が膨らんでおり、両端はやや尖っている。頭の部分は直径〇・五センチほどで、先端は〇・三センチ。長さは二一センチで、当時の中国や日本の箸と大差ない。

朝鮮半島・三国時代のはるか以前、紀元前二世紀のころ、漢時代の中国は、朝鮮半島北部の四か所に郡を置き、軍が管轄していた。この状態が、四世紀近くも続いた。だがこの歴史的な事実が朝鮮の人びとの食習慣になんらかの影響を与えたという証拠は、何も残っていない。この地域では紀元前一世紀のはじめに高句麗が国家を樹立したが、中国軍の拠点と戦闘を交えたという記録もない。だが朝鮮半島南西部に位置していた百済は、海路を通じて漢以後も中国と接触を保っていたし、東隣の新羅も頻度こそ少なかったが同様に中国との接触を保っていた。中国で唐の支配が始まると、唐の為政者は新羅と手を結び、高句麗と百済を締め付けて三国時代を終わらせようと図った。唐は、高句麗、新羅、百済の三国と通商しようと考えただけでなく、地理的・文化的・歴史的にも影響力を行使したいと考えていた、と当時の唐の歴史家たちは見ている。だが当時の記録を調べても、朝鮮半島でどのような食事道具を使っていたかという記述は見当たらない。食事風景としては、「人びとは床にあぐらをかいてすわる姿勢を好み、背の低い卓で食事を摂る」とあるだけだ。

　百済は中国とは接触を保ち続けていて朝貢していたから、箸や匙もお返しにもらったはずだ。皇帝の墓で見つかったそれらの食事道具は、中国から到来した可能性もある。朝鮮半島の人びとが食事道具を使っていたという文献による確証はないものの、傍証は見つかっている。三国時代の歴史を一二世紀はじめに記した金富軾（きんふしょく）の『三国史記』や、一三世紀のはじめにまとめられた一然（いちねん）の『三国遺事』がある。どちらにも箸の記述はないが、三国時代の末期には中国の影響がきわめて強まったとある。儒教や道教（タオイズム）、仏教も普及して、地域差はあるものの、朝鮮社会のあらゆる面に浸透した。唐は、高句麗に侵攻して一部を占領したことがある。したがって、食事道具の面でも中国の影響を直接的に受けたことは容易に想像できる。つまり、六世紀ごろには朝鮮の人びともあらかた食事道具を使うようになってきたものと思われる。

唐の時代が終わったあと、朝鮮半島でも新たに高麗王朝(九一八〜一三九二)が誕生し、九三六年に朝鮮が統一された。高麗は、現在の朝鮮(コリア)という地名のもとになった国名だし、朝鮮半島の歴史において重要な役割を果たしている。この時代の箸は、朝鮮半島全域で数多く発掘されている。材質は、ほとんどが銀、ないしは真鍮などの銅合金だ。形は初期の箸に共通したもので、丸型ないし多角形で、両端が細い。発掘された箸の脇には必ず匙が置いてあり、匙の材質も箸と同じ金属製だ。箸と匙の組み合わせは、朝鮮では普遍的なものであることが分かる。そして唐時代の中国と同じく、箸と匙の両刀使いだったのだが、朝鮮社会ではいまでもこの伝統が受け継がれている。

中国北部に類似した朝鮮半島の食

朝鮮半島は緯度的には中国北部と同じくらいだから、食習慣も似ているのかもしれない。食事道具について朝鮮半島に残されている資料はないのだが、唐時代の中国側の歴史資料には朝鮮半島の農業状況を記したものがあって、両国が似たもの同士であったことがうかがい知れる。唐代の中国の歴史家・李延寿(りえんじゅ)は、六世紀の半ばに書かれた『北史』のなかで、新羅について次のように書いている。

「地味は豊かで、陸稲(おかぼ)も水稲も栽培されている。新羅の五穀やくだもの、野菜、鳥や動物、その他の農産物も、中国のものとそれほど違っていない」

古代の中国の資料と同じく、李延寿も五穀とは何を指すのか明記していない。朝鮮半島では陸稲と水稲が栽培されているとあるから、コメが五穀に入っていることは間違いないだろう。だが中国北部と同じく、朝鮮半島でもコメは最重要の穀物ではなかったものと思われる。なぜかと言えば、金富軾の『三国史記』のなかにコメは二回しか出てこないのに、ミレット類の穀物は一九回、小麦は一一回も登場するからだ。ただし興味を引くのは、小麦については何回も触れているのだが、旱魃や霜害のため凶作に終わったという話が主体になっている。ミレット類は旱魃や洪水にも強い耐性があるため、朝鮮でも好まれたに違いない。

金富軾が『三国史記』を書いたころ、徐兢(じょきょう)という外交官が、北宋の第六代皇帝・徽宗(きそう)の命令を受け、一一二三年に朝鮮を訪れて長編の旅行記『宣和奉使高麗図経』を残している。朝鮮半島の詳細な状況が描かれていて、小麦と大麦、コメのほか、多くの種類のミレット類が栽培されている、とある。ただし小麦の生産地は限られているのでかなり値段が高い、と記している。コメに関しては、栽培しているのはアジアイネ（シニカ米・ジャポニカ米）

だけで、インディカ米やもち米はなかったという。言い換えれば、コメも小麦と同じく生産量が少なかったと思われる。とても、主食とは言えない状況だった。朝鮮半島でそのころ食べられていたコメは、シニカ米・ジャポニカ米だけだった。徐兢はおそらく、かつての中国の状況を思い起こしていたのではないだろうか。中国南部には、越南（ベトナム）から、インディカ米のうちチャンパ種が入ってきた。そのおかげで、中国の一般庶民もコメを口にすることができるようになった（この点に関しては、次の章で詳述する）。いずれにしても徐兢の記述によって明らかなことは、一二世紀になる前の朝鮮半島の状況は、唐時代の中国北部の姿と似たようなものだったという点だ。

ただしこの旅行記でも、当時の朝鮮半島で箸と匙が併用されていたのかどうかについては言及されていない。だがその他の台所関連用具、たとえば食器の碗、皿、鉢、びん、壺など、真鍮や陶器、木製の調理関連の用具については記述がある。徐兢は、朝鮮半島における金属細工の精巧さに、強い感銘を受けている。金と銀では銀のほうが高価なのだが、いずれも優れた工芸品になっている。彼は、青磁器も称賛している。彼が食事道具について触れていないということは、朝鮮社会では使われていなかったことを意味するのかもしれない。ほかの資料から、この時代には食事道具が使われていたと思えるので、徐兢は鋭い観察眼を持つ人物だから、逆にもし箸や匙が使われていなければ、その点を見逃すはずがないと思えるからだ。

高麗時代の末期になると、コメの魅力がじんわりと広まっていったと思われる。一五世紀の半ばに編集された、四六巻にも及ぶ長大な『高麗史』では、それ以前の文書と比べてコメに関する記述が増えている。当局が飢饉に備えて食糧庫に備蓄する穀類でも、コメの比率が高まった。朝廷に貢献した優秀な役人にも、報奨としてコメが贈られた。ここから判断すると、コメは普及したもののまだ高級な貴重品だったことが分かる。だがアワやヒエなどほかのミレット類の記述回数のほうがはるかに多く、人気のほどが知れる。つまり多くの朝鮮の人びとにとって、主要な穀物はいぜんとしてミレット類だった。すると唐時代の中国と同じように、食事には匙と箸を併用していたのだろう、と推定できる。高麗時代の遺跡からも、匙と箸が並んで出土している。それに続く李氏朝鮮（李朝＝一三九二～一九一〇）の時代でも、この状況は同じだ。1章でも述べたように、ミレット類は粥にするとおいしく食べられ、道具としては箸より匙のほうがふさわしい。

金属箸が珍重された朝鮮半島

徐兢は金属細工の精巧さに感嘆したが、それは冶金術が優れていたためかもしれない。金属製であるために保存状態がよく、木製の箸が多い日本と比べて朝鮮半島では、金属製がたくさん見つかっているのだろうと思われる。銀製や真鍮製が長持ちするのは当然で、それが好まれた原因なのだろうか。だが金属製、とくに銀製の食事道具は高価だから、だれもが持てたとは思えない。しかし金持ちでなくても長持ちする箸は魅力的で、そのために真鍮製や白銅製の安い箸に人気が出たと思われる。朝鮮半島のとくに北部では金や鉄、銅が豊富に産出するため、わりに安価で日常的な金属箸が作られたと思われる。それに反して、朝鮮半島では中国やベトナムほど竹が至るところにあるわけではない。さらに理由を付け加えれば、朝鮮の人たちは金属、とくに金が好きで、姓の約四分の一が金姓(キム)だ。東アジアの文化では、金がすべての金属の代名詞になるところもある。また、唐の影響力は根強く残っていて、唐自体は一〇世紀のはじめに消滅したが、近隣諸国にとって中国の存在感は大きく、長期にわたって文化が浸透していった。朝鮮半島で金属の箸や匙が好まれるのも、唐時代の中国の遺跡から金属の食事道具がたくさん見つかっている事実と符合する。

高麗の末期から蒙古(モンゴル)の勢力が台頭してきて、やがて朝鮮半島を制圧する勢いになるにつれて、朝鮮の食文化や食事道具にも影響を与えるようになった。ただし、半島を制圧するまでには難渋した。何十年にもわたって戦闘を繰り返し、一二七〇年代にはやっと朝鮮半島を支配下に置き、広大なモンゴル帝国の一州に組み込んだ。朝鮮半島ではそれまで仏教の影響もあって、肉食は忌避する傾向にあった。だがモンゴルの影響を受け、ゆとりのある家庭では食生活に肉を取り入れるようになった。焼き肉や肉をゆがく場合には、肉を薄く切って使う。これらの料理が、朝鮮でも普及した。この面でも、徐兢の『宣和奉使高麗図経』の記述が役立つ。仏教の戒律を守る一二世紀の朝鮮の人びとは、ヒツジやブタなどの動物肉をほとんど食べない、とある。だが明(みん)時代の一四八八年に明の命を受けて朝鮮を旅した董越(とうえつ)(一四三〇～一五〇二)は著書『使朝鮮録』のなかで、朝鮮の人びとは牛肉やラム肉、ブタ肉、アヒルの肉をよく食べるが、最も人気があるのはラムだ、と述べている。このような食文化の嗜好変化は、言うまでもなくモンゴルの影響だ。つまり、金属製の食事道具が朝鮮半島で定着したのは、偶然ではない。その習慣が、今日まで受け継がれている。唐時代の中国では、肉の消費量が増えた状況に呼応して丈夫な金属箸が広まったのだが、その傾向がここでも示されたのかもしれない。どちらの場合も、遊牧民の食習慣や食文化が影響を及ぼして、ラムやマトンなど、動物肉の消費量が増えるという現象が起きた。

アジアの遊牧民は、モンゴルの場合を含めて、伝統的に金属製の食事道具が好きだ。チベット人も満州人も、さらにその祖先のフン族(匈奴)も、同じだった。それに対して、農業を生活基盤にしている近隣の中国、日本、ベトナム、朝鮮などでは、調理の段階ではナイフやフォークを使ったものの、食卓では何世紀にもわたって使わない習慣になっていた。調理段階で一口サイズに切っておくのだから、食べる際には手でこと足りた。したがって手食が一般的な食べ方になり、手食という表現は三世紀ごろから現れてきて、唐時代になってほかの民族と接触するようになるまで続いた。

だが中国と接した外部の遊牧民のほうでも、箸と匙という食事道具を使って食べる方法を学んだ。この章のはじめで、箸がベトナムに浸透していった経緯を述べたが、それは紀元前三世紀に秦が越南を制圧したからだった。そのころ秦の始皇帝は趙佗と武将の蒙恬（もうてん）（?〜紀元前二一〇）に三〇万の軍勢を率いさせ、北部ステップ地帯で強力な活動を展開していた匈奴の制圧に当たらせた。戦闘が一段落したあと、蒙恬に率いられた兵士たちは、大きく湾曲した黄河に抱かれたオルドス砂漠の国境地帯に駐屯地を築いた。秦の始皇帝は大量の労働力を投入して、万里の長城の基礎を築いた。秦が滅亡したあとの漢も、匈奴の侵入を防ぐのに躍起となり、一時的には成功した。軍事的な対立はあったものの、文化的な交流は必然的に生じた。匈奴も穀物を煮て、動物の骨で箸を作って食事道具として使っていたことが、発掘調査によって分かっている。だが文化の伝達は、必ずしも一方的なものだったとは言えないように思える。漢時代には中央アジアの遊牧民と接触して食習慣の影響を受けたし、さらに広く伝播（でんぱ）した。

モンゴルにも箸が広まる

唐時代のあと、中国は何十年にも及ぶ五代十国の混乱時期に入るが、やがて武将・趙匡胤が北宋を建国し、初代皇帝になる。のちに統一して宋を建国するが、その領土は唐と比べるとかなり狭かった。北部や北西部の草原地帯や山岳地帯、砂漠地帯を制圧できなかったためだ。つまり、宋はアジア地域のほかの民族集団である契丹人や女真人、モンゴル人たちとも手を組まなければならなかった。宋の歴史家たちは、これら遊牧民たちの社会行動や文化的な習慣について、ひんぱんに触れている。徐夢莘（一一二六～一二〇七）は、北方民族との外交関係の資料をまとめた『三朝北盟会編』という書物のなかで、「満州の人びとは手食していて、食事道具は使わない」という話を引用している。その点は、発掘によっても実証されている。一九七〇年代に、中国の考古学者たちは、契丹人が満州地方に建国した遼（九〇七～一一二五）の墓を発見した。台所用品としては水差しや壺、皿やボウル、ナイフは出土したが、箸は見つからなかった。墓の壁画に、首長らしき男が手に持ったナイフで動物の足をぶった切っている場面がある。契丹は、モンゴルではボウルよりも皿が数多く出土していて、肉塊は皿に盛られて手で食べたものと思われる。

だが考古学的な文献から、アジア遊牧民もしだいに箸を使って食べるようになってきたことが分かる。モンゴルや女真と比べると、契丹のほうが中国・漢の影響を広く受け入れてきた。現在の内モンゴルで発掘された遺跡では、真鍮や銀、陶器でできた壺やボウル、皿やコップが見つかっているが、真鍮製の箸も一膳あった。長さ二三センチで、頭の部分にはわずかに線の模様が彫られている。これだけが例外的な出土品ではなく、契丹人は金属製の箸だけを使っていたわけでもない。一二世紀以後、中国西部や北西部で発掘された契丹人の複数の墓からは、漆塗りの木の箸も数多く見つかっている。女真人の墓からも、時代を経るとともに、多くの箸が見つかっていて、この民族の間でも箸がしだいに定着していったことが分かる。それより時代が下がるにつれて、モンゴル人にも箸が普及してきた。内モンゴル自治区の赤峰（せきほう）にある遺跡が、それを実証している。一九七〇年代から八〇年代の終わりにかけて、二つの墓で壁画が発見された。この地域はまず契丹人が制圧し、のちにモンゴルが支配した場所なため、どちらとも特定できないが、貴族階級の墓だと思われる。いずれにしても、壁画には食事風景が描かれている。脚の短い長方形の卓の上には、金属製のボウルや皿、匙と箸が置かれている。もう一つの墓の壁画には、箸を使って食べものを口に運んでいる姿が描かれていて、一目瞭然だ。メイドがご主人に給仕していて、大きなボウルを左手でかかえ、右手に箸を持ち、ご主人に給仕する前にボウルの中身を箸でかき回そうとしているかのように見える。この壁画は一四世紀のものと推定されるので、モンゴル人の墓である可能性が高い。状況から判断すると、モンゴルが一三世紀の末に中国を制圧して元(げん)(一二七一~一三六八)を建国して以後のものだと思われる。元王朝の貴族埋葬の習慣的な儀式では、食事道具一式をそろえて埋めることになっていたので、ボウルや皿に加えて、箸も添えられていたわけで、箸が食事道具として欠かせないものであったことが確認できる。

この章のおさらいをしておこう。多くの資料によって、一四世紀の時点になると、箸文化圏は中国、ベトナム、朝鮮半島、日本に定着し、さらにモンゴルの草原、満州、そして中国北部や北西部のゴビ砂漠、タクマラカン砂漠にも浸透した。だがそうは言っても、モンゴルや契丹が伝統的な食事道具であるナイフやフォークを完全に捨てたわけではない。新たに箸を加え、従来からの匙を含めて多様化が進んだことになる。満州の朝廷では、ナイフ、フォーク、箸と多様化した(口絵9)。満州人は、明が崩壊したあと清王朝(一六三六~一九一二)を打ち立てた。清の朝廷では、箸とナイフ・フォークが併用された。

4

箸の使い方、習慣、作法、礼儀

一対になった箸は、小さな食べものをつまむという本来の目的とは別の効用もある。「つまむ」というのを「強くはさむ」と言い換えると強圧的な感じが強まるが、食べものになんら圧力がかかるわけではなく、単に口に運ばれるだけだ。箸は木製であろうと、漆を塗っていようがいまいが、その素材によって風景が和らげられ、箸の動きを見ていると、お母さんが赤ちゃんを運んでいるような気分に誘われる。加速するような動きではなく、食べものをいつくしむような動きだ。……箸という道具は、食べものを細かくちぎったり、切り刻んだり、切り開いたりして姿を変えるためのものではなく、皿から食べたいものを選び出し、つまんで口に運ぶ手段だ。

ロラン・バルト『表徴の帝国』

人は、食べるものによって決まる。

ドイツのことわざ

人びとは古くから、箸や匙を使って食べものを口に運んでいた。歴史的な記録や伝記などによって、それは間違いない。朝鮮半島も例外ではない。中国の中原地区（華北平原）は混沌とした戦場で、多くの勢力が覇権を争って戦いを交えていたころには、何百何千もの武将たちがここから東の朝鮮半島に向かった。彼らはどのような食事でも箸しか使わず、匙を用いる習慣はなかった。いつごろからそのような食習慣が定着したのかは分からないが、その原因についての説は残っている。明の初代皇帝・朱元璋（一三二八～九八）は、敵将・陳友諒を倒すまでは飲食に匙は使わない、と誓ったという。彼はそれまでの習慣を捨てて、決意のほどを実証しようとしたという。ただし、この話の信憑性は定かではない。

明時代（一三六八～一六四四）の中国に派遣された李氏朝鮮（一三九二～一九一〇）の外交官だったユン・ククヒョンが一七世紀のはじめの紀行文のなかでこの話を紹介しているのだが、その当時は一、二年ごとに李氏朝鮮から明に使節団を派遣するのが恒例になっていた。儒教という、共通の柱があったためでもある。ユンは明の文化や社会についても、貴重な資料を残している。もちろん、食文化や食習慣に関する記述もある。ユンは、彼自身もなじんでいたに違いない、『礼記』に書かれている食事に関する礼儀作法が守られていないことに驚く。中国人がほとんど匙を使わずに、箸だけで食事している点にもびっくりした。ユンはこの新しい食習慣について中国人に尋ね回るが、納得のいく説明が得られない。

中国では匙が排除されて箸に一元化

だが穀類も菜も箸だけで食べる習慣は、一七世紀の中国では当たり前の風習になっていた。それより一世紀あまりも前、朝鮮の儒教学者・崔溥(チェ・ブ)(一四五四〜一五〇四)は、日記のなかで「中国の食事道具は、箸だけに集約されている」と記している。一六世紀に中国南部にやってきたヨーロッパの旅行者や宣教者たちも、同じような観察記録を残している。

前にも述べたように、コメは中国南部ではむかしから主要な穀物だった。炊かれたごはんを箸で丸め、肉や野菜とともに箸という道具だけで口に運んできた。箸は便利な食事道具だし、安く手に入るため、古くから使われてきた。だが朝鮮の二人は中国北部に足を運んでいて、彼らは「匙を排した箸だけの食事風景」を目撃している。いつごろから、中国全土でいまのように箸だけが使われる状況になったのだろうか。これは、興味あるテーマだ。

2章で述べたように、唐時代までは箸が普及しながらも、飯を食べる際には匙が併用されていた。唐時代の記録には、箸・匙併用の様子がたくさん書かれている。「匕箸」とか「匙箸」という表記が、頻出する。唐が一〇世紀に滅びたのち、どのような理由で、中国全土で箸に一元化される動きに発展したのだろうか。

実はこのような状況の陰にはきっかけがあり、その記録も残っている。唐王朝が滅びたあと、中国では多くの勢力が覇権を争ってせめぎ合った。やがて九六〇年に、北宋が曲がりなりにも天下を統一した。だが宋の北方防衛は堅固だとは言えず、一一二七年には、満州系の遊牧民族の女真(じょしん)に大敗を喫し、首都の開封(かいほう)も占領された。開封の住民で南方へ逃げた孟元老(もうげんろう)(一〇九〇ごろ~一一五〇)はのちに回想録を残し、侵略される前の開封での生活は豊かなものだった、と細かく述べている。宿や食事所でよく会食したが、「人びとは、かつてのように匙は使わず、だれもが箸で食べている」と記している。開封は中国北部にあるから、そのあたりでも食事道具はすでに箸だけになっていたことが分かる。ただしこれは自宅ではなく、外食のときの話だ。この状況は、唐時代と比べると大きく変化している。『旧唐書』は唐が滅亡してから何十年かのち、一〇世紀の半ばに編纂された史料だが、それによると、厳格なことで知られた唐の武将・高崇文(こうすうぶん)は、部下の兵士たちが地方の宿で食事を摂るときには、匙と箸の両方を使うよう命じたという。この命に背いた者は死刑に処すと厳命した、とある。

食事道具を人びとが選ぶのは、食べる食品に左右される場合が多い。そうだとすれば、唐以後、中国北部で匙が使われなくなり、箸だけになったとなると、食物に変化が起こったのだろうか。孟元老の回想では、開封の人びとはほとんどが外食していて箸だけで食べていたというが、食事内容には触れていない。だが、ミレット類ではなかったように思える。一つの、例証を挙げよう。当時の中国南部の詩人で役人だった陸游（りくゆう）（一一二五～一二一〇）は、穀物を食べるときには匙を使うと記し、詩には「炊いたミレット類だと、匙をたやすく突っ込んで口に運べる」と詠んでいる。陸游は揚子江デルタ地帯の紹興（しょうこう）で生まれ育っているので、ミレット類よりコメになじんでいたはずだ。だがたまにミレット類を食べるときには、匙に切り替えた。これが、むかしから推奨されてきた作法だ。つまり、一二世紀の末になっても、中国のインテリはそのルールを守ってきた。

　中国人が匙を捨てて箸だけを常用するようになった理由は、米食の日本人学者たちがこぞって主張するところでは、中国でもミレット類からコメに主食が移ったためだろう。一九五〇年代に、中国文学者の青木正児（まさる）（一八八七～一九六四）は、中国北部の人びとが匙を捨てて箸だけに頼るようになったのは米飯が普及したためだ、と主張していた。青木は中国全土で栽培されているシニカ／ジャポニカ米のアジアイネを、「粘質米」と名づけた。これはもち米とは別ものだが、炊き上がるとねばっこくなり、箸で簡単に丸めて食べることができる。向井・橋本の二人は青木の論に賛同し、新たな証拠をもとに、この食事道具の変遷は一五世紀ごろに起こったものと推論している。もう一人、日本生まれの中国系学者で、中国の食文化を研究していた周達生（一九三一〜二〇一四）は、箸オンリーになったのは明の時代になってから、一四世紀よりあととしている。日本人学者たちの推論は日本人の体験に基づいたもので、日本人が食べてきたコメはほとんどシニカ／ジャポニカ米に限定されていた。その日本人は、ごはんを食べるのに箸だけを使ってきた。だが箸だけを使うために、コメの種類がシニカ／ジャポニカ米でなくてはならない、ということにはならない。ベトナム人も日本人と同じく食事に使う道具は箸だけだが、東南アジアで栽培されているのは地理的・気候的にほぼインディカ米だ。タイやベトナムも同様だ。だが、炊いたごはんを食べるのは箸だけに頼っている。

唐時代以後の中国では、疑いもなくコメが主食の座に就いた。宋時代には、アメリカの考古学者E・N・アンダスンによれば、「コメは中国では穀類でトップの座に躍り出て、現在の地位を確保した。宋にとって、コメは奇跡のような存在だった」という。コメの利点は、天候が順調なら、ほかの穀物と比べて収量が格段に多かった。『ケンブリッジ世界の食物史大百科事典』のなかで、中国の農学者・張徳慈（一九二七〜二〇〇六）は、次のように述べている。

「面積一ヘクタールあたりで穀物の価値を比較すると、コメのエネルギー量は小麦やトウモロコシと比べて圧倒的に高いし、タンパク量も多い。したがって、単位面積あたりではより多くの人口を養うことができる」

多毛作のコメが潤沢に

コメには、さまざまな種類がある。インディカ米は、シニカ／ジャポニカ米よりも短期間で収穫できる。東南アジアでは、インディカ米のいろいろな亜種のイネが栽培されてきた。このうちチャンパ種は現在ベトナムの中部・南部で栽培されているが、とくに早稲(わせ)として知られる。ベトナムでは「早米」と呼ばれ、亜熱帯では二毛作、三毛作が可能だ。一〇一二年、宋の三代皇帝・真宗(しんそう)は勅令を出し、チャンパ種を中国南部の沿岸地帯に導入した。チャンパ種は、中国では「西安米」として知られる。西安米やその仲間のイネは、揚子江や珠江の流域で広く水耕されている。このあたりでは、古くからインディカ米の別種のイネも栽培されていた。つまり、宋の時代以後はコメが増産され、消費されたことになるし、青木正児が指摘するように、シニカ／ジャポニカ種以外の品種も増えたことになる。

宋時代の中国では、コメの消費量が増加するのに伴って、食事内容も多角化し、箸の応用範囲も広がった。宋に関する本を著しているマイケル・フリーマンによると、この時代には新たな食材が加わり、中華料理という一つのジャンルが確立されたという。孟元老は、新しい調理法を具体的に描写している。その当時には多彩な飲食施設が出現して、人びとで賑わった。お茶屋、宿屋、屋台、行商人などがひしめき、夜店も繁盛していた。飲食店で供される食事は多彩で、汁ものにしても伝統的な調理法ながら食材が増えたし、中華鍋で飯や麺を揚げた新たな料理が新鮮で、人気を呼んだ。汁ものや餃子の類も豊富で、どの料理にも箸が活躍した。箸は安いし、便利な道具だったからだ。たいていは、食事を提供する飲食店側が用意した。

活気にあふれていたのは、宋の首都・開封だけではない。宋は南の臨安（現・杭州）に撤退して、ここを新首都にした。当時の資料によると、臨安はたちまち交通の要衝になり、飲食店が林立し、いくつもの料理の流派が味を競い合った。そのため中華料理は改善されて多様化し、食文化の幅が広がった。南部の主食だったコメは、しだいに北部の一部にも浸透していった。一方で唐の時代から画策されていたのだが、北の穀物だった小麦が南部でも広く栽培されるようになってきた。宋の時代の国策に沿って、北から南に移住する人口も増えた。したがって、北の食習慣も南に影響を与えた。このころから、小麦粉を原料にした麺やワンタンが南部でもよく食べられるようになり、朝食およびスナックとして愛好された。

中国でモンゴル人の元王朝（一二七一～一三六八）が覇権を握ると、中国南部と北部の食生活の融合がさらに進んだ。その典型例が「マトン鍋（涮羊肉）」で、古くからの中華料理だと受け取られるほど普及した。これはもともとモンゴルの料理で、中国北部の人びとが好むようになった（以下に詳述する）。元は明の初代皇帝・朱元璋の手で潰え、朱元璋はその後釜にすわった。彼は統治の初期に、南部や北西部から多くの農民たちを北部に移住させた。戦争で荒廃した土地で農業を復興させたいと願ったからだ。彼は、灌漑も充実させた。この政策のおかげですべての穀物生産高は向上したが、とくにコメの収量が目覚ましく伸びた。さらに人的交流の結果として、南部の食品や料理が北部にも広がって定着した。朱元璋のあとを継いだ息子の第三代・永楽帝（えいらくてい）（一三六〇～一四二四）は北京を首都と定め、経済力・文化力を高め、南北の文化的なつながりを強化した。明の時代が進むにつれて、政府役人のなかで揚子江以南の「江南人」の比率を高める政策が取られた。それに伴い、北京付近を含めて北部の各地で稲作が増えたし、南部から京杭大運河（杭州～北京）を使ってのコメ移送も激増した。宋応星（そうおうせい）（一五八七～一六六六）は著著『天工開物』のなかで、次のように記している。

「いま、人口の七割ほどがコメを主食にしている。小麦やミレット類は、三割にすぎない」

それを裏づけるように、E・N・アンダスンも、こう述べる。

「（明の時代には）コメの重要性が増してきて、国民の主食というレベルに達した。同時に南部でも小麦が普及し、小麦粉が重要な食材になりつつあった」

この時代に中国南部で布教活動をしていたヨーロッパの宣教師たちも、こう書き残している。

「中国人の主食は、コメだ。……それに良質の小麦粉もあって、彼らは上等なパンも作る」

明王朝は三世紀近くも続く、繁栄の時代だった。当時の文学作品にも、そのような時代相が反映されている。食卓の情景では、食事道具としては箸だけが使われていたことが証明される。ユン・ククヒョンの著作では冒頭の場面に出てくるし、明の多作な著作家・馮夢竜（一五七四〜一六四六）の作品にも食事風景がふんだんに出てくる。彼は、沿岸地帯の町における庶民たちの暮らしぶりを描くのが得意だった。彼の連作小説『醒世恒言』では、科挙の試験を受ける主人公Qが、ある地方で歓待され、米飯と酒を振る舞われ、箸と盃を渡される。「雪のように白い」ごはんを食べ、酒をすする。仲間の若いWは、大食らいだ。あるときWはごはんだけ二杯をもらう。Wは「箸を握って何回か箸を動かしただけで口に掻き込み」、それでもまだ物欲しげだった。馮は江南の大都会・蘇州の出身で、このあたりはコメどころだったから、米飯を箸で口に運ぶ風景はごく日常的だったはずだ。

文学作品に見る食事風景の描写

明時代の小説を見ると、中国北部でも米飯がごく一般的だったことが分かる。一六世紀に書かれたとされる作者不詳の長編官能小説『金瓶梅』には、箸がよく登場する。舞台は、北東部の山東省とされ、そのころこのあたりで食習慣が大きく変わった状況が語られている。主人公の西門慶は裕福な薬屋だが色事師で、四人の夫人のほか、何人もの妾を持つ。その一人李瓶児が、不慮の死を遂げる。弔問に出かけた彼女の家で、西門慶は遺族から米食を出される。彼は箸を取り上げ、「お悲しみでしょうが、あなた方も以前と同じように召し上がってください」と告げる。遺族たちは、改めて悲しみを募らせた。――このように、北部の人びとも、ごはんを箸で食べていた。

中国北部でもコメが栽培され、消費されるようになるにつれて、「大米飯」という表現が明の公文書に出てくるようになる。それに対して、ミレット類は「小米飯」と呼ばれた。この呼称は、現在でも北部に残っている。言い換えれば、ミレット類はいまでも日常的に食べられている。なぜこのような呼び名が出てきたかと言えば、コメ粒のほうが一般的にミレット類の穀物よりサイズが大きいからだ。『金瓶梅』には、ごはんを炊く場面もたびたび出てきて、次のような格言めいた表現もある。

「何かの具を炊き込むにしても、先に食べられるのはごはんのほうだ」

興味あるのは、この小説では何回も「飯」が出てくるのだが、「湯飯」と表記されている回数が多いことだ。そこから推測すると、北部ではコメになじんではきたものの、ミレット類の調理法と同じく、粥状のものを好んでいたのではないかと思える。『金瓶梅』のなかでは、ほかの穀類を食べる場面もある。情事のムードを高めるために、西門慶はよく祝宴を張り、さまざまな食べものが供される。餅状の菓子パン、麺、ごはんもあり、通常の江南の食べものより種類が豊富だ。だが主人公と彼の仲間は酒やお茶は飲むものの、匙は使わない。かつての箸と匙という組み合わせに代わって、箸と盃というのがセットになってきた感がある。この小説では随所に「箸と盃」の組み合わせが出てくる。明の時代に中国にやってきたカトリック・イエズス会の宣教師ガスパル・ダ・クルス神父は、次のように書き残している。

「酒が注がれた陶器の盃が各自に配られたが、匙ということばは聞かなかった」

箸を使って食事する場面は、明時代のほかの小説にも登場する。人びとは食卓の周りにすわり、食卓に載せられた大皿から各自が好みで取り分ける。朝鮮の使節崔溥（チェ・ブ）は中国各地を訪ね歩き、日記には、「テーブルを囲んだ人びとは、箸だけを使って食事する」と記している。先に紹介したガスパル・ダ・クルスの観察記にも、似たような記述がある。

「中国人は食事に凝り、多彩な料理を作る。食卓には魚や肉の料理が並び、煮付けの味は似たようなものであることが多い。各種の皿が同時に並べられていて、人びとはそれぞれ好みの料理を自分用に取り分ける」

これは中国における典型的な食事風景で、周辺の箸文化圏にも広まっていった。だがこの風習は、中国でも漢や唐時代の食習慣とは異なっている。漢時代の石彫や絵画では、人びとは床にすわって食事していて、椅子も食卓も使っていなかった。食事の入った背の低い「食案」と呼ばれる容器や皿は、床の絨毯の上に置かれていた。漢時代から始まった風習だと思われる（口絵5）。現在の中国でも、「宴会」は「宴席」と呼ばれ、古い習慣を引きずって「絨毯の上での食事」というニュアンスを持っている。漢の食習慣は唐でも継承されたが、唐時代の絵画には、長椅子にすわって食卓で食べている光景も描かれている。だが個人用の食器や皿が用意されていた場合が多いようだ（口絵11）。

仲間が集まる「合食制」の普及

唐以後になると、箸の普及とも歩調を合わせて、中国では新たな食習慣が出現した。食事のときには食卓を囲んでみなが椅子にすわり、並んだ皿から好みの料理をつまむ方式だ。学者は、これを「合食制」と呼ぶ（反対語は「分食制」）（口絵11）。

この合食制が、唐以後、匙の使用を減らして箸の普及を促進したのだろうか。『中国箸文化史』の著者・劉雲は、その通りだと考えている。その証拠として、明のころから箸がそれ以前のものと比べて長くなり、二五センチあまりになっている点を指摘する。食卓の中央に置かれた大皿から好みの料理を自分用に取るためには、長いほうが便利だ。付記しておくと、熱い鍋料理が名物の重慶では、分け取りしやすいように、普通より長い箸を供する。

ところが中国式の合食が盛んではない日本では、箸の長さが一八センチから二〇センチと、短い。そこから考えても、劉雲の推論は正しいのかもしれない。日本では、「銘々膳」といわれる個人別に小さな食卓が用意される習慣があった。

日本と同じく、中国でもむかしは床にすわって一人単位で食べるほうが手間いらずなので、そちらが好まれた（日本人なら、畳にすわる）。だが床を這い回りながら給仕をするのは格好が悪いし、面倒だ。そこで、椅子と食卓を使う合食制が考案された。古代中国では、椅子は使われていなかった。漢の時代に、胡人と呼ばれた遊牧民からもたらされた風習だ。漢の一二代・霊帝（一五六〜一八九）は胡のものはなんでも取り入れたがった皇帝で、「胡の座」も所望した。その椅子はおそらく、木の脚が付き、座席は動物の皮だったろうと想像される。軽くて折りたたみができる、現在の屋外デッキチェアのようなものではなかっただろうか。発想の原点は、馬の鞍だったに違いあるまい。漢以後、四世紀の資料によると、胡の座は中国の裕福な階層にかなり普及したようだ。一般化するにつれて、胡牀という表記は「交牀」に変わった(「交」は足を組むの意)。だが、背もたれはなかったので、椅子よりベンチに近い。唐時代の絵画には、この椅子も描かれている。

やがて座の位置が高くなり、背もたれも付けられるようになったので、椅子らしくなった。中国式の椅子は、唐時代になって出現した。唐王朝が崩壊したのと同じ一〇世紀に描かれた有名な絵画「韓熙載夜宴図」(口絵13)には、唐時代前後の椅子が描かれている。脚が長くてすわった者の足がやっと床につくほどだし、背もたれも体全体で寄りかかれるくらい高い。つまり、現在の椅子の姿にかなり近い。韓熙載(かんきさい)(九〇二〜九七〇)は尊敬される学者だったが政府の役職に就くのを拒み、絵画に描かれているように客人たちをもてなし、細長くて椅子の座よりわずかに背の高いくらいの低い卓(現在のコーヒーテーブルふう)に料理の皿を並べた。卓には箸や酒杯が置かれ、客人たちは思い思いに食事しているが、後代の合食風景とは違う。

合食方式は、それからしばらくして最初は家族内で始まった。北京に近い河北省で発見された壁画(口絵14)では、中年の夫婦が向かい合ってすわり、食卓には箸や皿、酒杯が置かれている。典型的な、家族の食事風景だ。四角い食卓は、先に紹介した夜宴図に描かれた卓よりかなり背が高い。中国の食文化研究者たちは、合食制は宋時代のはじめごろ、つまり一二世紀に始まったと見ている。その当時の、食事道具の変化と呼応している。趙栄光（一九四八〜）は中国飲食文化に関する著作のなかで、こう述べている。

「合食制は、宋時代の社会に広く受け入れられた。食卓に並ぶ料理の種類が増え、多様化したためでもある。人びとは食卓で、好みのものを取り分けることができるため、合食制は合理的だった。分食制は、しだいにすたれてきた」

椅子にすわる大型の食卓に人気

宋時代に始まったこの風習は、小説にも描かれている。有名な歴史小説『水滸伝』のなかで、主人公の宋江は一二世紀に宋王朝を打倒する反乱を起こす。作品のなかには、主人公が仲間たちと卓を囲んで飲食する場面がふんだんに出てくる。ただし、この小説が書かれたのは一四世紀の明代初期のことだから、書かれた当時の風俗を正確に描いていない可能性もある。

多くの者が大皿から取り分けるのに便利なように、明代以後は卓も大きくなった。『金瓶梅』に描かれる卓には、二種類がある。一つは「炕桌」で、「ベッドストーブ」を意味し、調理場の熱を寝室に導くレンガ造りのストーブだから、かなり大きい。もう一つは、「八仙桌」（歳を取らない、の意）。この二つの単語は、ほぼ明の時代になって出てきたものだ（「方桌」という四角い卓を意味する単語は宋の時代からあったが、これは食卓用ではない）。ベッドストーブは部屋の三分の二を占めるほど大きく、二メートル×一・八メートルくらい。ベッドとしても使われるが、日中は食卓として利用された。つまり、炕桌は家族の居間の中心的な存在で、四角ないし長方形である。ここで、客人をもてなすこともある。ベッドに転用するときには、部屋の隅に寄せる。この食卓兼ベッドは、いまでも中国、朝鮮、満州の寒い地域で使われている（口絵15）。『金瓶梅』の西門慶と女たちが使っていたのも、まさにこのような炕桌だった。

明時代のこの小説で、西門慶は客をもてなす大パーティーのときには、八仙桌も使っていた。この食卓は一・二メートル四方もあったから八人がゆったりとすわれた。これは中国南部で広く使われていたようで、炕桌は北部の寒い地域以外にはなかった。たとえば、馮夢竜は著書『醒世恒言』のなかで、炕桌については触れていない。主人公Qが饗応されたとき、豪華な料理やくだもの、菓子などが八仙桌に載せられていた。この小説で歓待される場面には、必ず八仙桌が登場する。つまり中国南部では、篤くもてなす場合にはこの舞台設定が欠かせなかった。

清朝（一六三六～一九一二）中期の哲学者・王鳴盛（おうめいせい）（一七二二～九七）は、中国における食卓の変遷を研究した。八仙桌の由来について、彼は次のように記している。

いま使われている食卓の根源は、遊牧民からもたらされた胡牀にある。古い時代の人びとは床で胡牀を前にしてすわり、椅子は使わなかった。「几」という卓を使うにしてもそれは『書経』や『詩経』に出てくるような、ごく小さいものだった。それに比べると、現在の食卓はきわめて大きい。一般には、八仙桌と呼ばれている。八人が、同時にすわれるからだ。「仙」は、不死を表す。現在の食卓は、往時のものとは趣を異にする。

清の中期には、八仙桌がまだ主力だった。食卓は、現在でも中国のあらゆる場所で不可欠だ。しかも、大人数で囲むことができ、たくさんの料理皿が載せられるサイズの大きいテーブルが好まれる。明の時代から始まって清朝に至るまで、中国の人口は着実に増大した。一五世紀には一億人にも達しなかったが、一八世紀の半ばには三億人を超えた。清の四代・康熙帝（一六五四〜一七二二）が一七一二年に人頭税を廃止したため、人口増が加速した。家族の人数が増えれば、大きな食卓の需要も増す。だが、人口増は明の時代から始まっていた。理由の一つは、「新世界の農産物」であるトウモロコシ、サツマイモ、ジャガイモなどが中国にも入ってきて、貧困層の死亡率が下がったことにもよる。だが安い労働力がもてはやされるようになっても、貧富の差は縮まらなかった。豊かな層だけが、「高級な料理や贅沢な暮らし」に明け暮れた。当時の耽美的な文学が、「高級志向文化」の実態を描いている。八仙桌も、その典型例だ。

合食の鍋ものに箸は不可欠

食卓と椅子を導入したことが、中国における合食制を促進した。そのために、一回の食事でさまざまな食べものを楽しめるようになり、箸の利用範囲も広がった。大人数の料理を作る際には、揚げものにしても麺類にしても、小さく刻んだ食材を混ぜるのに、箸が活躍したからだ。食べるほうとしては、多様性がうれしい。典型例が、前に述べたマトン鍋「涮羊肉」で、とくに人気が高かった。これには、箸が欠かせない。中央に据えられた煮えたぎった鍋に、箸でつまんだ肉を、(しゃぶしゃぶのように)泳がせるからだ。巧みな箸さばきによって、人びとは薄くスライスした肉や刻んだ野菜を好きな分量だけつまんで熱湯のなかで煮る。肉が適度に煮えたところで、たれに漬け、口に運ぶ。つまり、鍋ものに箸は不可欠だ。匙はこのような料理には不向きで、食べものをすくおうとしても滑り落ちてしまう。

伝説によると、涮羊肉の鍋は元(げん)を建国したジンギスカンの孫フビライハン(一二一五〜

九四）が考案したものと言われる。中国で戦闘に従事していた際に、フビライはモンゴルでは日常的なマトン汁がやたらに食べたくなった。準備している最中に、敵方からの攻撃が始まった。時間を節約するために、調理担当の部下はマトンを薄く切って熱湯に浸け、塩と調味料をぶちまけた。フビライは急いで平らげ、この味が気に入ったという。多くの中国人にとって、このマトン料理は基本的な鍋料理だ。だが、古来の汁料理と似たところがあり、アジアに共通した要素がある。一二世紀に林洪が書いた料理本『山家清供（さんかせいきょう）』に、次のようなエピソードが紹介されている。あるとき彼は、南部の名勝・武夷山（ぶいさん）に行ったとき、ある世捨て人を雪の日に訪ねた。その男はウサギ肉を振る舞ってくれたが、林洪の表現によると、マトン鍋とそっくりの調理法だった。肉を薄く切り、熱湯で泳がせる方式だ。箸を使うよう求められ、煮えたところでたれに漬ける。マトン鍋は、いまでも同じやり方で食べられている。寒い山岳地帯ではブタ肉も使われる、と林洪は付記している。林洪水はそれから数年後、郷里・杭州の飲食店でもこの鍋を食べさせる店があると書いているが、なんの肉であったのかは記していない。

　マトン鍋をはじめ同類の鍋料理は、食材の準備過程から考えても、放牧民が好みそうなものだった。一般論で言えば、中国南部の人間より、遊牧民を含む北部の人たちのほうが多くの動物肉（ラム、ポーク、ビーフ）を消費する。それに、温めて食べるのが好きだ。だから、熱い鍋ものを好む。沸騰する熱湯で煮えたばかりの食材を、間髪を入れずに口に運ぶ。食材の準備段階で必要なのは肉をいったん凍らせることで、そうすると薄くスライスしやすくなる。凍った肉を熱湯に入れると、音を立ててたちまち丸まる。冷蔵庫が発明されるまでは、温帯や亜熱帯で肉を凍らせることは容易ではなかった。清が建国されたあと、モンゴル人や満州人たちが考案したマトン鍋は、とくに中国北部で人気を博した。政府当局の役人たちはマトンよりポークのほうが一般的には好きだったが、公式行事ではマトン鍋を食べた。マトン鍋はしだいに北京の人びとにも受け入れられるようになり、近隣にも広がった。

清の中核である満州人たちはマトン鍋をPRしたばかりでなく、独自の鍋料理も作った。お好みのポークもスライスし、ハクサイなどの野菜を加えた。朝鮮の人びとも鍋ものは好きで、シンソルロやチゲを考案した。シンソルロのほうが中国の鍋に似ていて、テーブルの真んなかに置く。チゲのほうは濃いスープ状で、事前に調理してあることが多い。日本人も鍋ものは好みで、やはり二種類ある。一つはしゃぶしゃぶで、マトン鍋やアジア各地の同類の鍋に似ている。もう一つはすき焼きで、より日本的だと思われているが、ポルトガルなどヨーロッパの影響を受けているのかもしれない。これら二つの日本の鍋ものはともに、薄くスライスしたビーフを主な食材にしている。そして両者とも、日本料理としてはわりに新しい。日本では一九世紀以前には、動物の肉はほとんど食べなかったからだ。これらの鍋料理では、ほかの食材も加える。魚、こんぶ、野菜、きのこ、豆腐などだ。それらでスープの素地を作る。これは伝統的な汁で、このように煮たり茹でたりする料理法は、世界のどこにでもある。

日本と中国では向きが異なる箸の置き方

合食制が主流になって箸が匙より優位に立って以後、とくに鍋ものに人気が出てからは、食卓における箸の役割にも変化が見られるようになった。唐時代の壁画を見ると、食卓の箸は食べ手と平行に置かれていた。だが明代の絵では食べ手と直角の向きに置かれ、食卓の中央に据えられた食材の皿のほうに先端が向いていて、食事開始の体制が整っている(口絵18)。この直角の箸の置き方は、現在の中国、朝鮮、ベトナムで一般的におこなわれている。ところが、個人別の分食が原則の日本では、箸は体と平行の位置に置かれる。弁当でも同じだ。右手で箸を取り上げて食べものを口に運ぶ動作は、ほぼ平行の左右方向でおこなわれる。ところが面白いことに、同じ日本料理でも、しゃぶしゃぶやすき焼きの場合は合食になるので、箸を垂直方向に置くことがある。そのほうが、食卓中央の素材皿に向かっていて便利だからだ。

もし明時代の中国で箸が垂直方向に置かれていたとすれば、それは皇帝の命令にほかならない。明時代の資料によると、明の開祖・朱元璋が有名な文人を宴に招待した際、この文人は食事のあと両手で箸を持ち、皇帝に感謝の気持ちを伝えた。だが皇帝はこの所作を見てびっくりし、これは作法にかなっていない、と諭した。文人は、これは郷里で子どものころに学んだ作法だと返答した。皇帝は、「天子である皇帝に、左様な田舎の風習で応じるとは無礼である」となじり、罰として文人を流刑に処した。文人の態度は不遜ではなかったのかもしれないが、食事のしきたりには合致していなかった。3章で触れたが、この動作は仏教の寺や日本でもおこなわれているが、普通は食前に感謝の気持ちを表す仕草で、食後にはやらない。明の皇帝は当惑し、想像をめぐらせると、自らの田舎の貧しい出自に鑑みて、そのような田舎の風習を認めたくなかったのかもしれない。

このエピソードから類推すると、合食制は中国社会の多くの階層に広まっていたようで、それに伴って箸に関するエチケットや行儀作法も変化していったように思える。だが中国以外の箸文化圏では、伝統的な作法が現在まで引き続き保持されているようだ。韓国では、以前と同じように箸と匙が分かちがたいセットの食事道具として平行して使われている。韓国では店で箸と匙がセットで売られているので、アジアのほかの箸文化圏の人びとも奇異な感じを持つ。明に赴いた朝鮮の使節ユン・ククヒョンらは、中国でもはや食事道具としての匙が使われなくなっていることを知って、びっくりしたらしい。いまの中国人が韓国に行って箸を買おうとすると、必ず匙とペアになっていることを知って驚くことだろう。朝鮮は、箸文化圏のなかでは異例だ。

日本では銘々膳がパックされて弁当に

日本はほぼ銘々膳にこだわってきたという意味で、これもユニークだ。いまでもとくに昼食時には、どこへ行っても盛んな弁当は分食の典型で、この習慣はむかしから定着している。古代中国にも、膳という個人用のトレイがあった。そこから日本では、個人単位の銘々膳が発達した。個人用の膳なのだから、それぞれに個人用の箸が付く。したがって、日本での箸の数詞は「一膳」になる。時代を経るに従って、膳がパックされて弁当になり、持ち運び可能になった。弁当は、日本の食文化を結集したものだ。弁当箱のなかは区分されてさまざまなおかずが詰め込まれ、ビジュアルな効果も計算されている。見た目を重視するのは、和食の伝統だ。弁当は持ち運ぶのが前提だから、片手で持てる程度の大きさだ。箸も包み込むから、短い小ぶりの箸になる。そもそも日本の箸は、箸文化圏諸国のものと比べて短い（口絵20）。弁当は銘々膳の伝統を引き継いだものだから、個人単位だ。一四世紀以来のこの分食制は、明らかに日本的な産物だ。中国、朝鮮、ベトナムのいずれでも、形こそ違っても、なんらかの合食システムがある。だが日本の家庭では、それぞれが自分の皿と椀を持つ。配膳される前に、大皿から自分の箸で勝手に取り分けようとすると、「直箸（じかばし）」としていやな顔をされる。とくにレストランで客と一緒だったりすると、叱られる。別に用意されている「取り箸」で、自分の皿に取り分けなければならない。

日本では、共用の皿から取る場合には共用の箸が必要とされるが、日本以外では、家族で箸などの食事道具を共有するのが普通だ。食事が始まる前に、引き出しか箱にしまってある箸や匙のなかから自分用をランダムに取り出す。日本でも、レストランなどでは、箸がまとめて容器に差してあって、そこから選ぶ場合もあるが、家庭内ではそのような習慣はない。日常的な箸や椀は、それぞれ個人別のものが決まっているのが普通だ。区別しやすいように、箸は形や色や材質、長さなどが違っている。家のなかでの立場や、性別によっても区分される。たとえば、大人のものは子ども用よりやや高級だ。子どもは乱暴に扱って、ダメにしかねないからだ。男女別では夫婦箸（めおと）と呼ばれ、女性のほうがやや短くて小ぶりだ。女性の手のほうが、平均すると小さいからだ。だが、男用よりも色彩や模様が派手だ（口絵21）。このような傾向は、日本以外の箸文化圏でも見られる。しかし、自分専用の箸を持つ習慣はほとんどなく、日本はユニークだ。

「取り箸」という習慣は日本で芽生えたものだが、いまでは韓国や中国にも広まり、最近ではベトナムも取り入れ始めた。ただし家庭内ではなく、公共の飲食施設や公式行事に限られる。つまり、「取り箸」は日本ほど普及していない。中国やベトナムでは、ホストが客に最初に取り分けるおもてなしの際に使う。だがその場合、箸を逆さまにして、客の口に触れないよう配慮する。1章でも触れたように、ホストの箸さばきには万人の注目が集まっているわけだから、客の食欲をそがないよう気を付けなければならない。したがってむかしから、『礼記』には細かい指示が列記されている。箸文化圏では、箸が食事道具としての重要性を増すにつれて、たとえ文章に書かれなくても、箸のエチケットに関する不文律がしだいにでき上がってきた。たとえば、以下の項目のような点だが、もちろんこれがすべてではない。

①人の注意を引くために、あるいは身振りで意思を示すために、箸で音を立ててはいけない（とくに、口のなかでは）。箸で遊ぶのは行儀が悪いし、粗野な行為だ。
②箸で皿のなかの欲しい食べものを探し出すために、ほじくったり掘り出したりしてはならない。
③箸を使って、皿や椀を動かしてはならない。
④箸で食べものをもてあそんではいけない。共用の大皿の食べものをもてあそぶなど

もってのほかだ。

⑤きわめて例外的な場合を除いて、箸で食べものを突き刺してはいけない。例外とは、大きな食べものを小さく割る場合。あるいは、つまみにくい場合(たとえば、魚や野菜、キムチなど)。公の場所でなければ、小さくてつまみにくいもの(たとえば、プチトマト、つみれ)などを突き刺すことは許されるにしても、褒められたものではない。

⑥ごはん茶碗やその他の食べものに、箸を縦に突き刺したままにしておいてはいけない。死者に捧げる線香を連想させるため、箸以外のものでも突き刺したままにしておいてはならない。死者に手向ける食事では、箸を立てて置く。

箸のマナーやエチケットとタブー

「べからず集」の意味合いは、三つに分類できる。まず最も重要な点は、食事中に混乱を引き起こしたりせず、不快感を与えないことだ。食欲を減退させたり、まずく感じさせたりしかねない。このようなマナーは、国境を越えて普遍的なエチケットだ。第二に、これは食べものを口に運ぶ箸という食事道具をまっとうに使うことによって、同席している人びとを邪魔せず、不快感を与えないようにすることだ。他人と同じテーブルにつくときには、気を付けておかなければならない気遣いだ。匙についても同様で、以下でもっと具体的な点に立ち入ろう。第三に、文化的・宗教的な絡みで、これについては次の章で考える。
日本語では、箸に関するタブーを巧みに言い表した、適切な表現がいくつもある。アジア全域となると食習慣や伝統もそれぞれ異なるが、周囲の人びとの眉をしかめさせるような共通の行動として、日本語を借りると、次のようなものがある。箸にごはん粒などを付けたまま振り回して食卓の周辺にぼろぼろこぼすのが「涙箸」。ほかに「探り箸」とか「迷い箸」「移り箸」などの表現もあって、いずれも特定の食べものを決めかねて迷っている様子で、好ましくない。日本人が嫌うものとしては、箸を長いこと口に入れたままで、音を立てることだ。これを「舐(ねぶ)り箸」と言う。中国語にも、似たような表現はある。

これらの行儀の悪い箸のマナーを忌避するためにも、箸の正しい持ち方、使い方を身につける必要がある。何世紀もかけて、箸文化圏の人たちは使い勝手のいい方法を編み出し、それが定着し、箸文化圏じゅうに広まった。使い方の基本は、すでに「はじめに」で紹介した通り。だが幼少時代に箸の正しい使い方を自宅で学ばない子どもたちが最近では増えていて、韓国の小学校では「箸の使い方教室」を設けているほどだ。日本でも、子どもたちに正しい箸の使い方をマスターさせようと、一九八〇年から語呂合わせで八月四日を「箸まつり」の日と定め、地方自治体が行事をおこなうなど、全国に広まりつつある。日本では子どもに箸の使い方を教えようと、箸の上側にくる部分に輪を付け、人差し指と中指を通して訓練する方式を考案した（口絵23）。

箸の正しい使い方を伝承していこうというこのような試みが必要であることは、過去の経験からも分かっている。二本の箸を動かして食べものをしっかりはさむためには、二本の間に隙間を空け、上の箸だけをはさみのように動かさなければならない。そのために、先ほどのような練習道具が役に立つ。上にくるほうの箸に二つの輪を付け、人差し指と中指を通して動かす。その動きがスムーズにできれば、すばやく食べものをつまんで器用に口まで運ぶことができる。だが目的の食べものだけをつまむようにしないと、余分なものは取り落としてしまう。エミリー・ポストは有名な『エチケット』（一九二二）で、次のように諭している。

「すべてのテーブルマナーは、みっともないことを避けるためにあります。自分が口に入れたものを他人に見せるのは、はしたないことです。食べるときに音を立てるのは、動物がやることとです。食卓ではしゃぐなど、もってのほかです」

テーブルマナーも時代とともに変化する。だが目的は不変で、きちんとして楽しい食事環境を作ることにあり、万国共通だ。

たとえば、「乱暴でせわしない粗箸（あらばし）」を取り上げてみよう。その原因は、不器用なためか、箸使いに習熟していないためかもしれない。だが箸文化圏では不快なこととされ、無礼だとも受け取られる。これは混乱を生み、食事の雰囲気を壊す。その防止策は、国によって異なる。中国やベトナムでは、共用の大皿から個別の取り皿にあらかじめ取り分けておく。そうすれば、あとは口に運ぶだけだから、さほど苦労は要らない。あるいは、大皿をそれぞれの手元に近づけながら回していく。運ぶ距離が短ければ、こぼしたり取り落とすミスも減る。だが韓国では、碗を持ち上げると白い目で見られる。食べものをこぼす「涙箸」を避けるために、韓国では匙を使う。さらに、ごはんをいったん汁に浸け、第二の碗から口に運ぶ方法を取る人もいる。だがこれは、あまり作法にかなったやり方ではない。そこで韓国人は粥を好み、匙を使って食べる。

碗を持ち上げるのは、乞食が食べものをせがむ様子を連想させるために嫌われるので、碗を机に置いたまま頭を下げて距離を縮め、こぼさないように試みる。だが中国では、頭を下げて食べるのを好まない。ブタの食べ方を連想させるからだ。したがって中国人は、背筋は伸ばしたまま、碗を持ち上げて食べる。これは、ベトナムや日本でも同じだ。つまり碗と口の間隔を狭めて、粗箸を封じるためだ。この三か国では、何を食べるにも食事道具はほぼ箸に限られているから、碗を口に近づけるのが合理的だ。しるそばを食べるときに、匙の助けを借りるくらいだ。

「人は食べものによって作られる」と言われるが、食べ方によっても人格が形成されるという面もある。テーブルマナーは、同席する人たちが楽しい雰囲気で食事ができるようにするための潤滑油だから、ムードを壊したり、不快感を与える状況が発生しては困る。そのため、いでたちや仕草にも気配りしなくてはならない。他人から、さげすまされるようではいけない。

中国語の「吃」は「食べる」という意味で、「口が乞う」というのが原義だ。だが乞食が食べものを恵んで欲しいというのではなく、がつがつ食べるということでもない。碗を持ち上げるときには、手のひらを開いて四本の指で碗の底を支え、親指は碗の縁に添えるのが、正しい持ち方だ。乞食は五本の指すべてを下に置いて、碗を捧げ持つ。碗を叩いて音を出すことはタブーだが、これも乞食が注目を引くためにそのような行動をするからだ。

食事中に粗野な行動は慎むべきだし、優雅な動きを見たら真似して、立ち居振る舞いを洗練されたものにするよう心がけたいものだ。韓国で箸と匙の併用や金属食器にこだわるのも、いいものには固執したいという心理の表れなのかもしれない。このような風習の根源を尋ねてみると、かつての李氏朝鮮時代、官僚機構の上流階級である両班（ヤンバン）に好まれていた風習だからだ、という答えが返ってくる。この時代には、儒教思想が主流だった。箸一本槍だとこぼれやすく、両班としてはぶざまで沽券（こけん）に関わる。また金属食器、とくに銀器がステイタス・シンボルとして好まれた。

食事は親しみを深めるものだけに……

マナーのルールを決めるのは、上流社会だけだとは限らない。歴史を見ると、さまざまな社会階層が影響し合っていることが分かる。中国で合食制が定着したのも、食事道具が箸だけに集約されていった過程も、「下克上」の過程で実現した好例だ。現在でも、高級レストランでは箸と並んで匙が用意されているし、ウエイターが料理を大皿から個人の皿に分け取りしてくれる場合がある。客は自分用の箸を、共同の大皿に突っ込んではならない。この章のはじめで述べたように、中国では一二世紀ごろから食事道具はほぼ箸だけに限定されるようになった。だが詩人の陸游は、自分はいまだに唐時代さながらに匙を使っている、と抗弁している。箸と匙を併用している韓国でも、家庭内ではごはんも箸で食べるケースが増えている。日本では合食制があまり普及しなかったが、大勢の会食で大皿から自分の箸で分け取りするのはご法度(はっと)で、「直箸」はいましめられる。この表現があるということは、そのような行為をする者が少なからずいた証拠だ。だが日本でも家族内の内輪の食事では、直箸が許される。

言うまでもないが、一緒に食事をすれば人間関係が深まる。親しくなるために、食事に誘うことが多い。友情が深まるし、恋人になれば飲食をともにする回数が増える。親密さが増せば、ほかに悩みがあっても忘れてしまえる。世界中どこでも、お母さんが赤ちゃんに匙で食事を与えたり、衛生上は好ましくないかもしれないが、口移しすることも少なくない。合食の原点は家族にあり、社会に出る前のリハーサルだとも言える。自宅に客を招待する場合、中国やベトナムでは家族全員が一つの食卓を囲むのが普通だ。会食は、親切なもてなしの心と、親愛の情を示す場だからだ。ところが日本では個人同士の付き合いという側面が強いから、しゃぶしゃぶやすき焼きの鍋をつつきながら、人間関係を深めようと試みる。

合食には弱点もある。家族同士ならまだしも、他人が箸を付けた大皿を共有するのは、先に述べた「べからず集」に抵触するように感じるためだ。共用皿の中身を知りたくて、ほじくってみる「探り箸」はタブーだし、「舐り箸」もやってはいけない。唾液や細菌が付かないとも限らない。もっとも、細菌や衛生観念が出てくるのは、一九世紀以降のことだ。ナンシー・トームズが病原菌説を唱えても、大方のアメリカ人は、「水質や食べものの汚染には無頓着で、平気で櫛やヘアブラシ、歯ブラシ、スプーンを使い回し、赤ちゃんに口移しで食べものを与えていた」という。詳しい理屈は分からないものの、食品を通じて病が広がることがはっきりしてきて、しだいに食品衛生の観念が広まった。科学による解明が進む前から、合食の礼儀作法は厳しい方向に改善されてきた。ただし、文明度を高めたい、という発想から生まれたもので、食べものをおいしく見せたいのが眼目だった。

匙は形が変化し、箸は呼び名が変わった

興味ある点は、親しくなることが目的だった合食が、箸だけを使って匙を敬遠する傾向を強めたため、唾液による「汚染」を減らす効果を上げたことだ。匙と比べれば箸の表面積は小さいから、取りたい食べものを的確につまむ際にほかの食べものに触れにくく、したがって汚染度が減った。韓国では箸と匙を併用するが、キムチなどのおかずをつまむのは箸だ。匙はごはんに使うが、穀類の粒が表面にこびりつくと見てくれが悪くて、これは韓国人も嫌う。中国で汁ものに匙を使う場合には、「取り匙」で個々の碗に汁を取る。

結論的に言えば、合食制が広まるにつれて、箸の有用性がさらに目立つようになった。箸は穀類にもおかずにも適用され、万人向きだった。匙は二番手の補助的な道具になり、箸は好きな食べものを好きな分量だけ分け取りするのに重宝がられた。明時代には、箸の優位性が決定づけられた。考古学者によると、この時代以後は、遺跡に箸と匙が並んで置かれる状況がなくなり、箸の数が圧倒的に増えた。清の時代になっても、同じ傾向が続く。そして、芸術的な箸が増えてくる。素材が木や竹であっても金属であっても、飾りや彫刻が施され、食事道具として重要度が増したことが読み取れる。

アジア全域で匙の比重は減少したが、なくなってしまったわけではない。とくに汁ものに関しては、補助的な食事道具としての地位を保っている。汁にはさまざまな食材のエッセンスが溶け込んでいるし、熱い汁には匙が欲しい。そうなると、匙にも凝ったデザインが出てくる。匕(あいくち)のように先が尖ったものは歓迎されなくなり、一八世紀に中国では卵型の「湯匙」と呼ばれるスープスプーンが主流になった。窪みが深く、たっぷり汁がすくえる。日本でも、「散り蓮華(れんげ)」と呼ばれて愛用されている。これによって箸と匙の役割分担は確定し、中国以外にも広まっていった。

箸のほうは、呼び名が変わった。箸は中国では「ズー」と発音され、「箸」「筯」「櫡」などの字が当てられていた。明時代に中国南東部の揚子江河口付近で、箸が「筷子」と呼ばれ始めた。「すばしこい男の子」という意味だ。陸容（一四三六〜九四）は、著書『菽園雑記』のなかで、そのいわれを次のように記している。

――このように命名したのは、京杭大運河を航行していた水夫たちだ。発端は、迷信だった。「箸」の発音「ズー」は、「助ける」という意味の「ズー」と同じだが、「停止」を意味する「ズー」にも通じる。船乗りにとって「停止」は禁句なので、「早い」という意味の「クアイ」を頭に付け、さらに接尾語の「ジ」を足して「クアイジ」とした。「筷子」という単語は時代とともに浸透していき、学校でも取り上げられるようになった。

明時代の学者・李予亨は『推篷寝語』のなかで、箸と筷子の双方を使っている。一九世紀になっても箸は残って文字として使われたが、筷子が主流になった。だが箸文化圏のほかの地域では箸（チョップスティックス）は不変で、韓国では「ジョトグラク」、日本では「箸」、ベトナムでは「ドゥア」で変わらない。いずれも中国語の箸（ズー）から転化したものと思われる。

5

分かちがたい一対の箸
——贈りもの、隠喩、象徴としての人気

中国では、「食べる楽しみ」は重要です。ですから、料理はむかしからあこがれの的で、だれもが熱中します。食べものが豊富にあるときでも、食糧難の場合でも、事情は変わりません。単なる調理の域を超え、芸術のレベルにまで到達しました。詩や文学、民間伝承などの芸術と、食べものは肩を並べているのです。食べものに関する物語や信念は世代を超えて継承され、食物という栄光の座はますます輝きを増しています。

ドリーン・イェン・フン・フェン（多琳顔洪風）『中国料理の喜び』

若い時期はグリーンで、熟れると黄色くなる
だが志は永遠だ
苦くても甘くても
味わいの本質は失わない

この詩は、漢時代の詩人・司馬相如（しばそうじょ）（紀元前一七九〜一一七）のために、妻・卓文君（たくぶんくん）が書いた詩で、箸とともに手渡したとされる。司馬相如もこの恋について記していて、後世まで伝えられた。彼はそのころ人気のあった賦（ふ）という叙事詩の名手だった。同じ賦の手法で、三世紀には練り小麦粉の賛歌も書かれている。詩人として名を馳せるにしたがって、司馬相如には何件もの縁談が寄せられた。あるとき、富豪の卓王孫が司馬を自宅の宴に招いた。司馬は気乗りしなかったが、屋敷に出向いた。乞われて賦を弾き語りし、称賛された。卓王孫の娘で若後家の卓文君も感激し、一目惚れしてしまった。だが父は、司馬が貧乏だという理由で結婚を認めなかった。そこで二人は四川省成都（せいと）に駆け落ちし、やがて父も折れて結婚を認めた。

卓文君は司馬相如と夫婦になったが、自らの詩に謳った永遠の恋にいくらか不安を感じ、詩とともに「つねに一対になっている」箸を渡して望みと希望を託した。詩も箸の話も美

しいが、後世の人たちが作った可能性が高い（司馬相如自身は、このような話は書いていない）。だが、箸の逸話には含蓄がある。箸はつねに二本で一対だから、「分かちがたい」象徴だ。したがってむかしから、結婚祝いの贈りもの、あるいは夫婦や恋人同士が愛を確かめるシンボルとして、箸文化圏では喜ばれた。日本では、神社にお参りするとき箸を購入する習慣がある。何種類かあって、たとえば「縁結び」は「愛の箸」、それに「夫婦箸」もある。主人用はやや長く、妻用は二〇ないし二一センチで、やや短い。夫婦箸は神社以外でも買えるので、恋人たちやカップルへのプレゼントとしても好適だ（口絵21）。

箸はペアだから結婚祝いの定番

中国各地でも、少数民族を含め、箸は結婚祝いの定番だ。それに、結婚式でも箸は重要な役割を果たす。箸の収集家・藍翔は著書『筷子古今談』で、結婚式で箸を使うしきたりの数々を紹介している。たとえば中国北西部の陝西省では、花婿の一族が花嫁の家に迎えに行く際に、花嫁の父は穀物の入った壺を二つ用意することが多い。二つの壺は赤い糸で結ばれ、そこに箸がくくり付けられている。父は花婿と花嫁に壺を一つずつ渡し、二人が別れることなく、永遠の愛を結び合うことを願う。また陝西省の別の場所では、新婚のカップルに花嫁の家族から箸が渡される。この箸はすでに結婚の祝宴で身内の男性が使い初めをすませている。たいていは、花嫁の兄弟か甥が、持参金を花婿側に渡したあと、結婚の祝宴で使い初めの役を果たす。新婚夫婦が分かちがたく結び付くことを祈念しているわけだから、対の二本はそっくり同じでなければならない。また二人がうまく和合して添い遂げられるように、箸の表面はきれいに磨かれている。二本は同じ色、同じデザイン、同じ長さでなければならない。

　箸は「分かちがたい」象徴なのだから、結婚話をまとめる際にも、婚約成立のときにも、出番がある。日本で言う「縁結び箸」の役割だ。中国・貴州省の人びとのなかには、青年が恋人を見つけた場合には、青年の母親が一対の箸を赤い紙で包み、女性側の家族を訪れて婚儀を乞う。ことばは不要だ。意図は明白なのだから。この風習の起源は不明だ。だが中国では、伝統的に箸が婚礼にまつわる象徴的な道具として使われてきた。一三世紀の資料『夢粱録』『武林旧事』によると、男が女性を見初めて結婚を申し込むため両親にあいさつに赴くとき、酒びんに水を入れ、一対の箸、二個の緑色タマネギ、四匹の金魚とともに持参する。この箸を「回魚箸」と呼ぶが、このしきたりの意味合いについては触れられていない。だがこの儀式を経て、婚約が成立した。この資料によると、結婚を申し込んだ側は豊かさと誠実さを示すために、ときに金魚や箸を金や銀で作り、タマネギは絹で作ったりすると記している。

花嫁の側から箸が贈られるという意味は、「生涯にわたってかけがえがなく不可欠」だという意味合いを込めているものと思われる。つまり箸は、隠喩ないし人生の代用的な換喩として使われている。結婚によって新たな人生が始まるわけだから、中国では箸が婚姻の習慣のなかに組み込まれている。したがって、例はふんだんに挙げることができる。中国北西部の地方では、花嫁が実家を離れて嫁ぎ先に赴く際に、床に箸を投げて両親と過ごした思い出に別れを告げる。また別の地方では、花嫁が実家を離れる瞬間に、家族の男衆(兄弟か父親)が箸を投げる。花嫁は新居に着いたあと、新居の床に置かれた箸を拾い上げ、新生活の象徴として抱きかかえる。新妻のこの仕草は、彼女が新家庭での安寧の責任を分担する意思も示している。新居では、花婿の家族が新夫婦の箸を隠してしまうという伝統もある。妻は夫に、箸を探して欲しいと頼む。これは象徴的な儀式として、花嫁の能力をテストする意味合いもある。隠された箸を探し出す解決策を考える過程で、花嫁がこれからしかるべき難関に直面したときにどう対処すべきかの「友好的な試験」だと考えられている。

箸にまつわる象徴的なしきたり

中国の少数民族のなかには、結婚式において箸がさらに重要な役割を果たす場合がある

(口絵29)。中国南東部の山岳地帯に住む畲（シェ）族の習慣では、実家を離れる花嫁は、きょうだいたちと一緒に食事したあと、自分のごはん茶碗と箸をきょうだいたちに託す。別れのことばを残すとともに、自分の分まで親の面倒を見て欲しいと頼む。湖南省の瑶（ヤオ）族は、結婚披露宴で司会者が新郎新婦のそれぞれに、両手で二膳の箸を使って同時に食べさせる。モンゴル系のダフール族は、一つの椀の粥を新婚二人で一膳の箸で食べ終える。風習はそれぞれ違うが、意味合いとしては同じで、夫婦がこれから生活をともにしていく最初の儀式に当たって、箸によって協力の重要性を認識し合うという点では一致している。この後者の例で、箸が「分かちがたい」もののシンボルだとすれば、ねばっこい粥のほうはカップル同士の「愛情深く」「感傷的な」結び付きを象徴している。

前章で触れたように、中国では明時代に官僚体制も変化したし、箸の呼び名も筷子に変わった。水夫たちが速やかに食事を終わらせたいために新たな呼称を考えたのだが、筷子(kuaizi)の kuai のあとに le を付けて kuaile とすると、「幸福」という意味になる。考案者がそこまで読んでいたとは思えないが、そのおかげで箸は食の豊かさを楽しむという点に加えて、祝いごとでも需要が高まった。Kuaizi の zi は接尾語なのだが、zi には「息子」とか「子ども」の意味もある。そこで連想としては、「早くに跡継ぎができる」につながる。そのような解釈から明時代以後、箸は結婚のお祝いとして好まれるようになった。名称の変更に伴う「ラッキー感」の付加価値によって、箸は子宝に恵まれる願いのシンボルともなったため、結婚に不可欠な夫婦のためのお守り的なプレゼントになった。

結婚式で箸を投げる仕草をする習慣も、広く普及した。浙江省で古くからある習慣では、新婚が寝室に引っ込んだあと、大量の箸を窓から投げ込む。そのあと、窓の内側は紙でふさがれる。床じゅう箸だらけになるが、これは早く子宝に恵まれるようにと願うおまじないだ。また披露宴では歌を歌ったり乾杯したあとに、何膳もの箸を床にばらまくこともある。箸は幸運のシンボルだから、参会者は競って箸を床から拾い上げて自宅に持ち帰る。江蘇省のある地方では、花婿が参会者に箸を配る。湖南省では結婚式の最中に、新婚夫婦の幸運を願って、両家は箸を「盗む」ことまで演出する。西欧の結婚式で花嫁が投げる花束を「幸運のシンボル」として奪い合うように、中国では結婚式の参会者は箸を手に入れたいと競う。

アジア諸国では、おとぎ話のなかで箸は愛や結婚のシンボルとしてよく登場する。中国におけるような、呼び名の変更はない。ベトナムの民話「一〇〇の節がある竹」のあらすじは、こうだ。——ある地主に、美しい娘がいた。とても忠実で働き者の若い使用人がいて、娘に惚れた。地主は「働き者の青年に娘を嫁がせる」と公言していたのだが、実際には村の金持ちと結婚させる方向に傾いてきた。そこでこの働き者の使用人は地主に、結婚式では竹の箸を使うので、一〇〇の節を持つ竹を見つけた者と結婚させるのはどうか、と提案した。青年は魔法を使ったかどうかは分からないが、一〇〇の節を持つ竹を見つけてきたので、娘と結婚できた。

「お食い初め」から「延命箸」まで

日本では、箸は「生命の杖」と呼ばれ、生まれてから死ぬまで箸が生命を支えてくれると言い伝えられた。したがって、人生の重要な節目で、箸が活躍する。赤ちゃんが生まれて一〇〇日後（場合によっては生後七日だったり、一二〇日だったりする）に、親が赤ちゃんに箸で食べさせるポーズを取る「お食い初め」の式がおこなわれ、そのときに使われるのが、たいていは塗りのないヤナギの白木で作った「お食い初め箸」だ。もちろん、赤ちゃん自身は箸を使うことはできない。目的は、箸になじませることだ。なにしろ「人生の伴侶」になるものだから、この儀式で、安寧で飢えなどとは無縁な人生を送って欲しいと願う。

また長寿の人には、区切りのいいお祝いの記念に「延命箸」とか「延寿箸」「長寿箸」「福寿箸」などと呼ばれる特別の箸を贈る習慣がある。時期としては、六一歳、七〇歳、七七歳、八八歳、九〇歳の誕生日などだ。

日本ではだれもが正月を祝い、一年で最も重要な休日だ。日本では一八七三年まで旧暦を使っていたため、旧正月は一月末か二月はじめになる。現在は、西欧と同じ太陽暦だ。だが正月の行事は、むかしとそれほど変わってはいない。正月に使うお祝い箸は、たいていヤナギの木で作った白木のもので、塗りは施していない。両端が細く尖っていて、中央が膨らんだ両口箸だ（口絵22）。両端とも使えるのは、神と共用するためで、一方は神さま用だ。この「神人共食」の思想は、神道からきている。日本で共用の取り箸を使うのも、やはり神道の祭事に由来している。食べものを神に捧げたあと、神官は取り箸を使って参会者たちに分け与える。

お祝い箸がたいてい塗りのない白木であるのは、神道や仏教の影響だ。神道では、人間界が自然界と直接対話するのを原則としているし、仏教では簡素さを珍重するからだ。ヤナギの木が箸の材料として好まれるのは、旧暦の正月は早春に当たり、ヤナギの芽吹きはほかの樹木より早く始まるからだ。つまり、ヤナギの生命力の強さにあやかりたい、という感情からきている。両口箸の中央部が丸いのは、来たるべき一年がつつがなく、実り豊かな年になるように、という願いが込められている。お祝い箸は、正月以外の成人の日や子どもの日などの祝祭行事でも使われる。したがって、「ハレの箸」とも呼ばれる。反対語は、日常的な「ケの箸」だ。お祝い箸はそのつど新たに購入され、使い終えたら捨てられる。なぜかと言えば、神道の考えに従えば、白木の箸はいったん口のなかに入れられるとその人の霊が乗り移り、洗っても落ちないからだ。使用済みのお祝い箸を打ち捨てれば、箸に霊が残っているのだから、神と対話する道筋が構築できる。日常的な箸は漆などが塗ってあって耐久性があり、箸の一方の端を神と共用することもない。だが最近はプラスチック製の箸も多いから、神道の霊も宿れない。

日本語の箸の発音は、「橋」に通じる。日本では人生のさまざまな局面で、箸が文字通り人間同士の橋渡し、ないしは人と神、生者と死者、現世と死後世界の仲介役を果たす。だれかが長期にわたって自宅を離れて遠くに行く場合、たとえば戦場に赴くようなときには、家族は留守をしている者の食事も用意し、それまで愛用してきた箸を添える。これを「陰箸」と呼ぶ。このような形で、留守中の安全と幸運を祈る。添えた箸には不在者の霊がこもっているから、家族としてはこの箸が橋になって願いは本人に届くものと考える。使った者の霊が箸にこもっているという考え方は、日本人が箸の使い捨てが好きな風潮と結び付いているのだが、これについては次の章で論じる。

現世と死後世界との橋渡しを担うのが箸だから、葬儀では箸が重要な役割を果たし、死者を別の世界に送り込む手順を締めくくる。新生児に大人が箸を使って食べさせる「お食い初め」の儀式と同じく、死者にも愛用の碗に箸を立てて供える。それを死者の枕元に置くので、「枕飯（まくらめし）」と呼び、飯にまっすぐ立てた箸は「立て箸」という。最後の食事のあと、伝統的な日本の葬儀では、箸にはもう一つ「橋渡し」の任務が残されている。日本では仏教の影響が大きく、死者は火葬にされる。そのあと親族たちは灰のなかから箸で骨をつまみ出して次々と互いに箸で橋渡しする。この儀式によって、参会者は死者との絆を深め、現世と死後世界の結び付きも強める。そこで日本の金言では、「人生は箸とともに始まり、箸とともに終わる」とされる。

箸にまつわるお国からの民話

箸はいろいろな場面で珍重されているため、日本では箸に関する礼儀作法も細かく定められている。納骨前の橋渡しの儀式では、箸でつまんだ骨を次々にリレーしていくのだが、食卓で食べものをそのように扱ったら顰蹙(ひんしゅく)を買う。前章でも触れたが、「移り箸」は日本ではタブーだ。食べものはいったん自分の取り皿に置くか、すぐに食べるかのどちらかだ。その間に他人の箸が割り込んできてはならない。ごはん茶碗に箸を立てるのは、箸文化圏のどこであっても禁じられている。日本では、死者に供えるときだけだ。中国その他でも、立て箸は嫌われる。仏教で死者をとむらう線香を連想させるからだ。

朝鮮半島では、箸と匙が併用されているためもあって、物語には箸より匙がよく出てくる。たとえば「不思議なヘビ」の話はこうだ。——気立てのいい商人の娘が、ヘビに匙で食べものを与えた。ヘビはのちに殺されたが、少女の優しい心遣いと動物に対する思いやりは報われ、やがて成人して上流階級の両班（ヤンバン）に嫁ぎ、幸せな家庭を築く。

しかし韓国を深く考察してみると、食事道具としては匙よりも箸のほうが基本になっていることがうかがえる。むかしの百済（くだら）の民話「三つの食事道具」が、その様子を伝えている。——父が亡くなったあと、子どものうち長兄がすべての遺産を相続し、ほかのきょうだいたちにはそれぞれの暮らしに戻るよう命じた。末弟は、仏僧から食事に使う三つの道具を与えられた。食卓用の敷物、乾燥したヒョウタンで作った食器、一膳の箸だ。これらを持って帰路に就いたが、山道にさしかかったところで日が暮れた。だが、寝る場所も食べものもない。仕方なく小さな敷物を広げたところ、豪華な部屋がたくさんある宮殿が現れた。次にヒョウタン容器の内部をこすると、おいしそうな食べものがたくさん出てきた。箸を叩くと、何人もの美女がそばにはべった。つまり、食卓の敷物、食器、箸の三つが、当時の食事には欠かせないものだったことが分かる。

ベトナムは、百済より早い時期に箸を取り入れた。ここにも、箸の重要性を織り込んだ民話がある。「実子と養子」の物語は、遺産相続をめぐるお家騒動を描いている。「鯉」と呼ばれる男には、実子と年長の養子がいた。彼が死んだあと、未亡人は養子の長男が遺産をすべて相続したことが面白くない。訴えを受けた裁判官は、二人の息子たちの食習慣を調べた。二人に箸を渡して観察したところ、実子はきちんと使いこなしたが、養子のほうは箸を捨てて手食した。次に、夕食にごはんと鯉料理を出した。養子はおかずの鯉を平らげたが、実子は手を付けなかった。理由を尋ねられると、「尊敬する父の名前が鯉だから、食べる気がしない」と答えた。裁判官はそれを見て、養子の素性はいかがわしいと判断した。その当時のベトナムでは、箸で食べるのが常識になっていたからだ。

箸で食事をすることが常識化していたために、さまざまな面で意味づけが進んだ。たとえば日本人と同じように、中国・チワン族は、赤ちゃんが最初の誕生日を迎えるときには箸の使い初めで祝う。両親はいつもより長い箸を使って、椀から長い麺を赤ちゃんに食べさせる。麺も箸も長いことには、長寿の願いが込められている。誕生日に麺を食べさせるのは、中国および周辺の箸文化圏ではかなり一般的な風習だ。これは古いしきたりで、唐の時代から続いている。長寿は、それだけで慶賀すべきことだ。中国の運勢占いでは、箸を道具として使う。その起源は一〇世紀ごろと思われ、しだいに人気が出てきた。箸には不思議な魔力が込められているという信仰が、一般的にあった。一九世紀の終わりになると、宗教に近い感じで箸は崇拝され、「筷子神」と呼ばれる幸運の神になった。

日本で箸が「お告げ」に使われたどうかは定かではないが、祝いごとに使われる両口箸（中央が丸くて太く、両端が細い）に関する有名な逸話がある。短命に終わった室町幕府七代将軍・足利義勝（一四三四〜四三）の死にまつわる話だ。義勝は、一四四二年に若くして将軍の座に就いたが、それは父・義教（一三九四〜一四四一）が計略によって部下の武将に惨殺されたためだ。陰暦の一月か五月、幼い将軍は側近とともに食事していたが、突然、箸が二つに折れた。するとその秋に死んだ。あとを継いだ八代・足利義政（一四三六〜一四九〇）は、不測の箸折れが起こらないよう、箸を太くて頑丈なものにするよう命じた。

箸を折って決意表明

中国史では、箸が折れたことが夭折につながったという話はない。だが、箸を故意に折って決意を表明する、という逸話がある。唐九代・玄宗（在位＝七一二〜七五六）は、娘・永福公主を有名な人物に嫁がせようとしたが、娘は応じようとしなかった。皇帝である父と会食していたとき、娘は抗議の意思を明確にするため、箸と匙を折った。それは、強要されれば自殺するという意思表明に思えたので、玄宗も折れた。皇帝はのちに別の娘を、その男に嫁がせた。箸が象徴的・精神的にどれほどの意味を持つのかは、受け取り方によっても異なってくる。だがアジア全域で、食事道具に不具合が生じるのは悪い兆しだという共通認識がある。箸の使い方が悪いか、あるいはうっかり箸を床に落とすのも、よからぬ予感を覚えさせる。とくに人生で重要な時期に単純ミスを犯すと、「将来に暗雲」

と受け取られかねない。かつての中国では、科挙の試験の前、食事中に箸を落としたりすると、試験に落ちる予兆ではないかと受験者をおびえさせた。

反対に箸を持ち上げることは、吉兆だと見なされた。唐時代の中国では、文人の間では詩を詠むのが盛んだった。唐の詩人・劉禹錫（りゅううしゃく）（七七二〜八四二）は、幼なじみの友が科挙の試験を受けにやってくると聞いて、次のような詩を詠んだ。

生まれてこのかた
肝胆相照らす仲だったので
誕生日にはいつも招（よ）んでもらっていた
僕は自分の箸を持ち上げて麺をすくっては食べ、
感謝の気持ちを込めて天翔（かけ）る
一角獣の詩を詠んで贈った

劉は箸を持ち上げて親友を鼓舞し、試験に合格することを祈念し、天翔る一角獣のように高く空を飛ぶ華やかな人生を望んだ。劉から創作詩を贈られることは、このうえもない名誉だ。会食で箸を持ち上げるのは、箸文化圏では「好意の印（しるし）」だ。当主が客人たちを招く宴席で、よく見られる光景だ。日本では、家庭内でも食べ始める前に「いただきます」と言うのが礼儀で、そのとき箸を両手で水平にやや持ち上げる。これは、3章でも述べたが、寺で始まった習慣なのかもしれない。だがこのしきたりは、神道流ではないかとも思える。伝統的な神道の考えでは、神はどこにでも存在するので、神から与えられた食べものを口にする許しを得るとともに、感謝の気持ちを伝える。

箸を取り上げる序列

中国では先祖の霊に食事を供することはよくおこなわれるが、神とともに食事するという発想はない。だが食事の椀に箸は必ず添えられているから、霊も箸を使うと想定されている。これが、中国における一般的な風習だ。満州方面では、霊に飲食物を供する際には箸と匙を載せたり添えたりする。これはおそらく、満州系の女真(じょしん)人が全国制覇する一七世紀半ばよりずっと前からあった風習だ。お供えをしてから人間が食べ始めるのだが、食べものが神からの贈りものだという考え方はない。

だが中国では、「挙箸」と呼ぶ箸の動作には意味を持たせている。ごく自然の動作だが、人は食べものを取るため皿のほうへ箸を向ける前に、まず食卓から箸を取り上げる。だがそのときの動きは意図的にでも無意識のうちにでも、かなり意味のある動きを見せる。劉禹錫は、箸の動きを詠み込んだ詩で親友を激励したが、このような表現で意図を伝えたのは、もちろん彼がはじめてではない。最初に使ったのは、唐時代の歴史家・李延寿ではないかと思われる。彼は南梁（五〇二～五五七）の歴史を記すに当たって、模範的な役人だった呂僧珍の話を紹介している。呂は皇帝との会席の場では、決して箸を取り上げなかった。普通なら宮廷での食事の魅力にはあらがえないので、これを例外的な話として書いている。

呂の行動は適切な作法にかなったもので、道徳的にも正しいという見方が、時代が経つにつれて強まってきた。明の学者で役人をやっていた高出（一五七四～一六五五）は貧しい者を庇護したことで知られている。飢饉のため道路にも餓死した遺体が転がっていた時期があって、それを見た高出はこう記している。

「箸を持っていてごはんを食べられる者は、現状を見て泣いたりしない。天空は高いから、泣いたところで聞こえはしないのだが」

高出は心を痛め、箸を取り上げて食事をする気にもなれなかった。だが実生活では、食べものを目の前にして箸を動かさないのは至難の業だ。中国で宴席に呼ばれた客人は、最初に箸を取り上げるのははしたない、とされる。主人ないし長老が、最初に箸を取るのが習わしになっているからだ。主人が歓迎の意味を込めてまず箸を取り上げ、参会者をいざなうし、これを繰り返す場合もある。このしきたりは、中国以外でもおこなわれている。

家庭内でも、年長者がまず箸を取り上げ、あとの者がそれに続く。明時代の決まりによればば、うながされないうちに箸を取り上げるのは社会の規範に背く行為だった。もっと行儀が悪いとされるのは、さっさと食べものを飲み込んで、ほかの者がまだ食べているのにそそくさと席を立つことだ。

もし高級役人が、料理を前にして箸に手を付けずにいるのが奥ゆかしさを示すのだとすれば、皇帝のほうでは嫌みに見えるか親切に思われるか分からないが、使っていない箸を自ら取り上げることがある。漢時代よりあと、鮮卑(せんぴ)族が北方を制圧して北魏(ほくぎ)(三八六～五五七)を建国した。聡明な戦略家・崔浩(さいこう)(三八一?～四五〇)は、建国の英雄として、三代目の太武帝(たいぶてい)(在位＝四二四～四五二)から報奨を受けた。資料によると二人は親しい間柄で、皇帝はよく崔の家を訪ねたという。昼食時にぶつかることもあった。すると皇帝は崔に食事を続けるよう諭し、いったん置いた箸をまた持たせたりした。皇帝は崔の助言が欲しいわけで、気さくに話しかけた。側近とこのようにむつまじく交遊する皇帝は、きわめて珍しい。崔のほうでも、深く恭順の意を示す呂僧珍とは違って胸襟を開いて皇帝と話し合った。だが晩年は誤って謀反の嫌疑をかけられ、皇帝の命で殺された。

箸を取り落とす感情表現

「挙箸」と呼ばれる箸による所作ばかりでなく、中国の資料には「投箸」という表現も出てくる。箸を床に取り落としたり、放り投げたりすることで、これもむかしからよく見られる光景らしい。1章で触れたように、箸は匙とともに陳寿（ちんじゅ）が三世紀に書いた『三国志』のなかにもひんぱんに出てくる。知将・曹操（そうそう）の話として、劉備（りゅうび）は何回も箸や匙を落とした、と記している。以後、「投箸」は恐怖、ショック、驚愕を表現する状景描写として用いられるようになった。一〇世紀の唐の滅亡に続いて、五代十国が覇権を競い、武将たちが群雄割拠する乱世になった。その一人で荊南（けいなん）を興す高季興（こうきこう）は、野心に満ちた武将だった。後漢（九二三〜九二九）と手を組んで四川省を侵略する計画を立てたが、それが正しい方針であるのかどうか自信がなかった。思案している間に、別の勢力が四川省を占領してしまった。高季興がこの報を耳にしたのは、まさに食事を始めようとしたときだった。史書によると、彼は聞いたとたんに匙と箸を取り落としたという。もっと早くに行動を起こしておくべきだった、と優柔不断さを悔いたからだ。史実としては、高季興は四川省を手に入れることができず、彼の荊南国はこじんまりした領土のまま終わった。

　衝撃や恐怖によって箸や匙を落とすということになっているため、感情表現をするために、わざと箸を落とすこともある。たとえば、幸せなとき、不幸せなとき、複雑な感情を表したいとき、などなど。結婚式で花嫁が箸を投げるのは、両親と別れる悲しさと、新婚の喜びの双方を表現したいからだろう。箸をなくすのは悪い兆候で、大げさに言えば「あってはならないこと」とされる。「投箸」には、「異例」とか「不自然」な行動という含意もあるので、不安、フラストレーション、苦悩を感じさせる。言い換えれば、意図的に箸を置く、あるいは投げ付けるという状況は、かなり強烈な意思表示になる。南朝の歴史家で詩人・沈約（しんやく）（四四一〜五一三）が、初期の例を提供している。宋を統治していたのは、暴君的な何人かの皇帝で、破滅的な戦争を繰り返して荒廃の極（きわみ）にあった。四七六年、まだ一〇代だった皇太子の劉敬粛（四五二〜四七六）は、異常に乱暴な性格で、父王に背く反乱分子に加担することになった。だが謀反は失敗し、皇太子は戦死した。その後、皇太子の側近だった従者が、新しい皇帝のもとに参画して、もと皇太子の名誉回復を嘆願した。そのとき、ある逸話を紹介した。――劉敬粛は母の食が進まないのを見ると、自分も箸を置いて食べるのを止めたという。それほど心優しい息子で秩序や家で上長を敬う者が、父に背くはずがないでしょう、と訴えた。この箸を置くという話は、説得力があった。

またもっと後代になると、投箸は年長の者を敬うという意味とは別に、他人に同情するという意味合いで受け取られるようになった。晋（しん）の時代を描いた『晋書』という長大な歴史書があるが、そのなかに呉穏之（?〜四一四）という能吏の伝記があり、次のように記されている。

呉穏之は、若いうちに両親を亡くした。彼は母親を慕っていたからとても悲しみ、ときどき思い出しては泣いた。彼の泣き声を漏れ聞いた心優しいハンおばさんは、箸を置いて食べるのを止め、涙を流した。おばさんは儀典長をやっている息子によくこう言ったものだ。「呉さんみたいな人がいたら、昇進させてあげるべきね」。やがて息子は人事担当の閣僚になり、呉を登用した。

ハンおばさんは単に箸を置いただけでなく、傷心の呉に深く同情したのだった。

中国の偉大な詩人・李白（りはく）（七〇一～七六二）も、悲しみを表現するに当たって投箸をした。彼が唐の都・長安で暮らしていた期間はそれほど長くなかったが、この都の友人たちと別れがたい気持ちを『行路難』のなかで詠んでいる。冒頭には、友人たちが開いてくれた豪華な宴の描写がある。みごとな料理がヒスイの皿に盛られ、金の盃にとめどもなく酒が注がれた。その感動を、李白はこう述べる。

「私はある時点で酒を飲むのを止め、投箸した。もう食べられなかったので、自分の剣を抜き、あたりを見回した。私は、心ここにあらず、という状態だった」

ここでも、「投箸」という表現が出てくる。李白の友人たちと別れがたい気持ちが表れている。

だが箸に絡む所作表現には、苦難や不安の気持ちはまったく込められていない。箸が登場するときは、何かを祝う幸せなときに限られる。そのような気持ちを表すため、「箸で何かを叩く」という意味の「投箸」ということばが作られた。叩く何かは、皿でも卓でもいい。だがこれは異常なことで、「箸で音を立てること」は礼儀に反する。だが投箸のポイントは音を立てることで、音楽の素養があればリズムを取る。つまり投箸は感きわまって、心ここにあらずという状態になった場合に限られる。李白は、そのような心理状態を表現したのだった。李白が八二六年に詩人仲間の劉禹錫（りゅううしゃく）に会ったとき、李白はその対面の印象を次のように語っている。

「私が飲んでいたとき、貴殿は自らの盃を持ち上げて、私の盃に注ぎ足した。貴殿が歌い始めたので、私は箸で皿を叩いて調子を取った」

確かに、楽しそうな光景だ。二人とも酔った状態で、歌ったり飲んだりしながら、交遊を深めた。これは、偶然の出会いだったので、とてもうれしかった。二人ともすでによく知られた詩人だったが、左遷された状態で、ともに唐の首都から追われる身だった。その途中で、図らずも鉢合わせしたのだった。

高価な素材のステータスシンボル

同じ漢の詩人・白居易は「酔吟先生」だったから、ごく自然に箸で皿を叩き始めたかもしれない。しかし唐時代の数々の詩を見ると、箸による皿叩き（投箸）は一般的な風習だったのではないか、とも思える。当時そのような習慣があったとすれば、詩を吟じるときの伴奏だったのかもしれない。実際、そのような情景を匂わせる資料もある。漢の文人・王充（二七～九七?）の記述によると、箸で青銅の鐘を叩いて音頭を取る者がいたという。「木槌のほうがふさわしいのに」と思って、王充は奇異な感じを持ったという。だが漢以後の時代になると、中央アジアから台形の弦楽器が導入されると、中国では竹の棒や箸でつま弾くようになった。南梁の詩人で音楽家だった柳惲（四六五～五一七）は、この弦楽器を箸でも弾いたし、筆を使っても演奏した。それより古い時代には、中国古来の似たような弦楽器「琴」があって、これは指で演奏した。

唐時代の人たちは、箸で皿や椀を叩いて音楽を奏でた。当時の食器はおおかた陶器で、まだ磁器もなかった。だが、もう青銅の時代は過ぎている。隋時代の宮廷音楽家だった万宝常（?～五九五）は、そのようにして食器を叩いていた。万宝常が食事を始めようとしたとき、ある人物が箸演奏について尋ねた。ほかに適切な道具がなかったからだと答え、さまざまな大きさの食器を並べれば、あらゆる音階を出せると応じた。万宝常の食器音楽は面白いと評判になり、皇帝の耳にも入った。彼は御前演奏もしたが、宮廷で昇進したわけでもなかった。次に九世紀に宮廷音楽士・郭道源（かくどうげん）は、食器にさまざまな分量の水を入れて異なった音階を出せる器を並べ、箸二本で巧みに曲を奏でるのが得意だった。

箸はこのように多目的に使われたが、歴史家や詩人、学者たちは、箸の価値や意味づけを考察してきた。その手始めは、殷（いん）の最後の皇帝・帝辛（ていしん）（紀元前一一〇五～一〇四六）が所有していた象牙の箸の意味合いだ。この事実はかなり知られていて、資料などで広く受け入れられている解釈としては、これは不必要な無駄遣いで堕落している証拠だ、という受け取られ方だ。だが実際には、豊かで家柄のいい家系に生まれた者は象牙の箸にあこがれたもので、象牙製品すべてが高い地位にある者の成功や富の象徴だった。象牙の箸は、見かけほど丈夫なものではない。ひびも入りやすいし、常用せずに手入れを怠っていると、早くに茶色いシミが出てしまう。日常的に使っていなくても、劣化は進む。アジアでは珍重されたし見かけは立派だが、実用性という面では劣る。

金の箸も、デリケートだ。純金の箸など、ほとんど存在しない。たとえ作ったとしても、象牙の箸よりもっと実用性に欠ける。だが金の箸はすばらしいものだから、歴史の記録としては登場する。唐の九代・玄宗（在位＝七一二～七五六）は、宰相・宗璟（そうえい）（六六三～七三七）に、宴席で金の箸を贈った。宗璟は高潔な人物だったから、そのように高価な賜りものを最初は辞退しようとした。皇帝の意図も、図りかねたからだ。しりごみする姿を見て、皇帝はこう説明した。

「汝にこの箸を与えるのは、それが金でできているからではない。汝はまっすぐで、交じりもののない助言をしてくれておるからだ」

そこで宋璟は、恭しく拝受した。これは、史上はじめての金の箸の話だ。のちの時代にも、たびたび繰り返される語り草になっている。このように、金の箸は象牙の箸とは違って優れた者に贈られるもの、という概念規定がある。宋璟の場合は、正論を堂々と述べる素直な性格が評価された。この唐時代の事例に倣って、後代の皇帝たちも金の箸を作り、忠実な側近や役人たちに与えることがあった。明で長官を務めた厳崇（一四八〇～一五六七）は箸のコレクターとして名高く、金メッキや銀の箸などもたくさん集めたが、宮廷の一族から入手した金の箸も二膳あった。明で長官を務めた張居正（一五二五～八二）も、献身的な功績を称えられて太皇太后から金の箸を授かっている。

象牙や金の箸以外にも、高価な素材が箸に仕立てられている。たとえば、サイやシカのツノ、黒檀などだ。ほかに輸入品であるために高いものとしては、マホガニー製のものや、ベトナム、タイなど東南アジアで作られたカリン製の箸などもある。銀の箸も高いが、手が出ないほどではない。銀はそれほど稀少な金属ではないし、鋳造するのも面倒ではない。

だが資料に出てくるものとしては、金と銀の合金が多い。褪色する懸念はあるが、硬度が高くて耐久性が優れている。したがって銀の箸は収集品としても実用面からいっても、便利な食事道具として好まれた。そのため、前にも述べたように、銀の箸は中国や朝鮮半島の遺跡からたくさん出土していて、むかしから人気があったことが実証されている。ところが中国の資料には、金や象牙の箸ほど多くは記載されていない。一三世紀に書かれたと思われる著者不詳の『西湖翻身路』に、銀の箸についての最初の記述がある。南宋（一一二七～一二七九）時代に、首都・臨安の食事処では銀の食事道具が用意されていて、客は銀の箸で食べたとある。また明時代の劇作家・湯顕祖（一五五〇～一六一六）は、豪華な祝宴に出席した体験を書き残している。

「食事が運ばれ、銀の箸と金の匙が用意され、だれもがたちまち酔っぱらった」

「銀の箸と金の匙」というのは、「豪華で贅沢な暮らし」という意味の決まり文句の表現になっている。だがそこには、非難するニュアンスはない。

　これら高価な材料を使った箸に負けず劣らず珍重されたのが、ヒスイ製の箸だ。中国では古代からヒスイが珍重され、あがめられていたし、朝鮮半島でもある程度の人気があった。旧石器時代から、中国ではヒスイ（ネフライト）が日常的にも、あるいは祭事にも使われていたことが、遺跡の発掘によって明らかになっている。時代とともに、ヒスイは

「朝廷の宝石」になり、儀式で用いられるようになった。ヒスイが器や装飾品などに加工され、国家主導の宗教行事で使われた。一般男女も、装身具として日常的に愛用した。優れた芸術家たちはみごとな彫刻作品を創り出し、金持ちたちが競って買い求めた。品質のいいヒスイは、金銀よりも値打ちがある時期さえあった。そのような状況だったから、ヒスイの箸も作られた。だが細い箸にすると、折れやすい。したがって、遺跡からもなかなか完全な姿では出土しにくい。

文献のうえでは、ヒスイの箸は数多く登場する。『南斉書』をまとめた蕭子顕（四八七～五三七）は、ヒスイ箸の状況を次のように醒めた目で記している。

見渡したところ、皇帝や貴族たちはそれほどきらびやかないでたちではない。彼らはかがみ込んで酒を飲み、むさぼり食う。むかしからのしきたりに従って、皇帝も庶民も木でできた部屋で暮らし、白いトウヒ製の寝台で眠る。食事のときは、だれもが同じような器やヒョウタンの容器を使う。ヒスイの髪留めや箸も、燃えてしまえば同じ土くれだ。羽毛や絹の衣類だって、草と同じく燃えやすい。

この一文では、ヒスイ箸を引き合いに出し、皇帝を称えながらも箸のもろさを隠喩的な形で、はかなさに結び付けて忠告している。

実用的でない象牙やヒスイの箸

象牙の箸と同じく、ヒスイの箸もデリケートな面がある。したがって、日常生活では使いにくい。だが文筆家たちは、称賛を惜しまない。蕭子顕がヒスイ箸を論じたころから、この「玉箸（ヒスイ箸）」は文学作品にもひんぱんに出てくるようになった。唐以後は、とくに増えた。金や銀の箸より、玉箸のほうがひんぱんに文献に出てきて、よりもてはやされていた感じがする。文人がなぜヒスイ箸に魅せられるのか、理由は二つあるように思える。第一に、玉箸の利用者は、人生で成功していい暮らしをしている、というイメージがある。杜甫（とほ）の次の詩に、それが現れている。

「金の皿やヒスイの箸はこのあたりには見当たらないが、サクランボの実を食べるだけで、未来の人生が開ける」

杜甫は唐の都・長安を離れて四川省の成都に移り住むが、そのとき近所の人から赤いサクランボをもらう。その優しい心に打たれ、長安にいたころを思い出す。その当時は、宮廷でもサクランボをもらった。「金の皿とヒスイの箸」は、杜甫が政府の役人として成功したシンボルだ。

玉箸がひんぱんに文字に記されている第二の理由は、ヒスイは明るい色で半透明ないし透明なので、ヒスイ箸を使っていると頰に涙が流れているかのように見えるからだ。つまり、泣いているイメージがある。文人が玉箸の文字を使うときには、泣いている女性の姿がダブっている。――亡くなった主人を思い出しているのか、あるいは宮廷の側室でお呼びがかからないためか。文人・徐陵（五〇七〜五八三）は、「玉台新咏（ヒスイ庭の新しい歌）」で、王子の到来を待ちながら青春を無為に過ごした不幸な女性について、詠っている。

「金の髪飾りが、落ちそうな風情だ。涙がひと筋、ヒスイの箸のように頰を伝っている」

別の詩では、軍務に就いて不在が続く夫を偲んで泣く妻が描かれる。

「天上の星を眺め上げ、私の両の眉はくっつく。悲しさに打ちひしがれ、ヒスイの箸のように涙が頰を流れ落ちる」

これは唐の詩人・李白の詩で、やはりヒスイの箸を隠喩として使い、女性の悲しさと孤独の感情を詠っている。女性は愛する人との再会を待ち望みながら手紙を書いているところで、鏡を覗いてみると、「二本の玉箸のように涙が頰を伝って流れ落ち、鏡を濡らす」

李白は「泣く」ということばは使っていないが、この女性は鏡を見るまで、自分が涙を流していることに気づかない。だがすでに、二本のヒスイの箸のように両の目から涙があふれ出ていたのだった。

箸の色や形については、あるいはその意味づけについては数多く語られているが、太さや長さについても記録しておこう。杜甫は友人からもらった香辛料チャイヴを褒め称えて、次のように語ったことがある。

「群生するチャイヴの茎は長く伸び、まるでヒスイの箸のようだ」

それより二世紀あまり前、賈思勰は『斉民要術』のなかで、麵の長さと箸の長さを比べながら論じている。彼は植物、とりわけ野菜の丈の長さや形を、箸の長さと比べて農民にも分かりやすく記している。時代とともに箸が日常の必需品になるにつれて、箸の長さと比較する表記の仕方が増えてきた。しかも、ユニークで愉快な比較も目に付く。たとえば、明時代の小説『水滸伝』。このなかには、ヒスイの箸を涙にたとえるのではなく、それは言い古されたためか、容貌魁偉（ようぼうかいい）な面相を誇張して「耳がヒスイの箸のようだ」と表現している。続けて、「両の目玉は飛び出して、金の鐘みたいだ」と記している。

箸を擬人化する詩人たち

この章を、まとめよう。古代中国で箸が広く普及したあと、作家や詩人、哲学者までが作品に箸にまつわる話を盛んに取り入れるようになった。学者は、健全な政府のための政治哲学に箸を応用できないものか、と考えた。文筆家は、悲しみ、不安、驚きなどを箸に託して表現しようと努力した。箸の長さや大きさはだれもが知っているので、科学者や技術書では箸と比較する手法が便利だった。だが、箸を最も効果的に利用したのは詩人だった。古代から現代に至るまで、詩人たちはひんぱんに箸を取り上げ、その利便さ、特異性、文化的な意義について、実際的にも隠喩的にも論じた。それらを総括するために、次のような例を挙げておこう。

程良規という詩人はそれほど有名ではないが、箸についてだけの特異な、次のような詩を書いている。

竹の箸は、縦横無尽の活躍をする
苦いものも甘いものも、最初に味わう
何も食べないのに
食べものを運んで往復を繰り返す

ここで箸は擬人化され、黙々と奉仕する働き者として描かれている。箸は、そのように描かれることが多い。清時代の著名な詩人で美食家の袁枚(えんばい)(一七一六〜九七)も箸について詩を詠んでいるが、同情とユーモアを込めている。

あなたと同じように、忙しいよ
いろんな人の口に食べものを運ばなけりゃならないんだから
酸いも塩辛さも味わいながら
自分では食べられない

箸が象徴する一つの特性は、「まっすぐ」という点だ。人間の道徳的な性格にも、これがなぞらえられる。唐時代の初期という早い時期に、ある著述家は、金属の火箸は「まっすぐでゆるぎない」と褒めそやした。彼は政府の役人として、そのような姿勢で仕事に邁進(まいしん)したい、と誓った。それから二世紀後、元王朝に奉職した周馳(?〜一三一三)は、詩のなかで詳しく詠った。

姿は短い矢だが
汝は真っ赤に塗られている
二本の頭は寄り添ってともに働く
片方がなければ仕事はできない

ひとりぼっちではダメ
休んでいるときは、皿のそばで控えている
働くときには、手のひらと二本の指で動かされる
煮えたブタ肉から骨を外し
麺を炒めたタマネギと混ぜる
うまくいかないと悪口を言われながらも
いつもまっすぐでしっかりと仕事をこなす
汝みたいに、まっすぐ人生を送りたいものだ
たとえ大河のような悲しみに打ちひしがれても

過酷な仕事を文句も言わずにやりこなす箸に同情しながら、周馳は自分の役人としての仕事になぞらえている。おそらく実直な役人だったと思われるが、彼はたとえ悪口を言われてもまっすぐに生きるよう自戒している。実生活のなかでも、箸を手本に倫理にもとらないよう、勇気を得ようとしている。

この章は恋の物語で始めたので、恋の詩で締めくくるのがふさわしかろう。二本の箸の「分かちがたい」特質が愛の結び付きの強さを象徴し、箸が愛される理由にもなった。し

たがって、むかしから詩にも詠われてきた。そのような詩が夫婦の箸に彫られることもあり、それが愛を確かめることになるし、二人の幸せを願うことにもつながる。次に紹介する詩は、現代中国の詩人がブログで発表したものだ。磨き足りないところもあるが、感動的で美しい。箸を使う者ならだれでも共感できる気持ちが伝わってくる。長さはどの箸を取ってもほぼ同じだし、二本が共同作業をするし、食べものを口に運んで味わわせる任務を持っているが、物言わず静かだ。箸をうまく使いこなせれば、二人の愛が確かめられる。

二本は長さが同じ
二人の心がおんなじであるように
苦くても甘くても
二人の人生は同じ
人生のさまざまな味を体験しながら
いつも隣り合って生きていく
相手を思いやり
親密さには継ぎ目がなく
互いのことばにはずれもない

6

世界の食文化に箸が橋渡し

本格的な中華料理はデリケートなもので、めったにお目にかかれない。食べるというより、味見する程度にしか試すことができない。コースで食べるなど、望むべくもない。伝統的な料理を賞味しようと思うなら、箸を使わなければならない。これは清潔な食べ方だが、訓練が必要だ。ツバメの巣のスープとか、年期の入った皮蛋（ピータン）卵などを所望しない限り、値段はお手ごろだ。ツバメの巣のスープは美味だが、皮蛋卵はわが家の伝来タマゴ料理とどっこいだ。

ハリー・カー（アメリカのジャーナリスト、一八七七〜一九三六）「夢の町ロサンゼルス」（一九三五年）

あまり自信がないにしても、かちかちと箸を鳴らしながらでも、箸あってこそエキゾチックな中華料理を満喫できる。不格好でも箸で格闘しなければ、本格的な中国の味が分かったとは言いがたい。

ジョージ・マクドナルド「トーマス・クックのガイドブック『中国』」（二〇〇二年）

前章でも触れたように、日本語では「箸」と「橋」が同じ発音だ。一九世紀の半ば以後、アジア諸国は現代世界に組み込まれてきた。食文化の交流に合わせて、食事道具も世界中で同化が進んだ。中華料理は、「中国から世界中のチャイナタウンへ」飛んだ（東洋史が専門のイギリスの学者J・A・G・ロバーツの近刊書の表現）。箸もアジアの箸文化圏を飛び出て、グローバル化した。中国系・アジア系のレストランが世界中に増え、非アジア系の人たちも箸を使って食べものを口に運ぶという食事体験に挑むようになった。中国系レストランのオーナーも、箸というエキゾチックな道具を売りものにしたいと考えて、「ゴールデン・チョップスティックス（金の箸）」とか、「バンブー・チョップスティックス（竹の箸）」などの屋号を付けたがる。箸という名称は、言うまでもなく中国系ばかりでなく、日本、韓国、ベトナム、あるいはタイのレストランでも好んで使う。つまり、箸はアジア系食品の代名詞として世界中にアピールし、宣伝材料に使われている。箸が橋だとすれば、箸はアジア系と非アジア系を結び付けるばかりでなく、アジア人同士の絆を強化する役割も果たしている。

現代世界で、箸は世界ブランドになった。旅行でアジアの箸文化圏を訪れる観光客なら、だれもが箸を認識している。一六世紀以降はヨーロッパ人がアジアを訪れるようになり、中国およびその周辺で箸というユニークは食事道具を使っていることを知り、この習慣を日記や旅行記に書き記した。ごく初期の例としては、ポルトガルの兵士ガレオーテ・ペレイラがいる。彼はタイの傭兵だったが、インドを経由して中国南部に入り、一五三九年から一五四七年の間、福建省などで過ごした。彼はその体験を記し、一三世紀にマルコ・ポーロが残して以来の中国情報をヨーロッパにもたらした。マルコ・ポーロは、箸については何も書いていないし、茶を飲む習慣にも触れていない。だがペレイラは、箸についても次のように明確に書き記している。

中国人はだれもが、われわれと同じように、高いテーブルの前で椅子にすわるが、背もたれはない。テーブルはきれいにしてあるが、テーブルクロスは敷かないし、ナプキンも使わない。卓上に運ばれる料理は、あらかじめ細かく切ってある。それを二本の棒で食べ、手ではさわらないし、フォークも使わない。だから、テーブルクロスは不要なのだろう。

ヨーロッパ人の箸との出会い

箸を常用するアジア人は手で食べものを触れないのだから、食事の前に手も洗わないでいいのだろう、とヨーロッパ人は受け取った。そのころ、ポルトガル人のカトリック・イエズス会の司祭ルイス・フロイス（一五三二〜九七）は、同行したロレンソ・マキシアとともに日本を旅し、アジア人とヨーロッパ人の相違点を列記した。アジア人、というより二人が出会った日本人は、パンの代わりにごはんを食べるのだが、その食事方法が違う、と次のように書いている。

「われわれは食前食後に手を洗うが、日本人は食べものを手で摑まないので、手を洗う必要性を感じない」

この点に関して、一六世紀の末に日本を旅行したイタリアの商人フランチェスコ・カルレッティ（一五七三〜一六三六）は、こう書いている。

「日本人は二本の棒（箸）を使って、驚くほどの早さと器用さでたちまち口を食べものでいっぱいにする。しかもどれほど小さい食べものでも巧みに運んで、手を汚したりしない」

このように、はじめて箸に出会ったヨーロッパ人たちは、好奇心で目を見張った（口絵17）。巧みな箸さばきで、こぼしたり手を汚したりしないで食べるのだから。そのころヨーロッパでは、すでにナイフやフォークが使われていたことも類推できる。だが手で食べることもあるので、ナプキンやテーブルクロスが必要だったのだろう。そのころ中国を訪れたカトリック・イエズス会布教の先覚者でイタリア人のマテオ・リッチ（一五五二～一六一〇）が、箸についてもほかのヨーロッパ人たちより深く、明時代の中国を考察している。ほかの者は箸を「二本の棒」としか書いていないが、マテオ・リッチは箸がどのような材料で作られているのかにまで、言及している。

「箸は、黒檀、象牙、その他の丈夫な素材でできている。食べものの汚れが付きにくいように、両端を金や銀で覆っている場合もある」

マテオ・リッチの観察では、中国では「宴会が多く、しかも儀式めいた宴席が数多くある」。なぜかと言えば「宴を張るのが友情を示す最善の方法だから」だ。そしてさらに、次のように続ける。

中国人は食事をする際に、フォーク、スプーン、ナイフを使わない。その代わりに、手のひら一つ半くらいの長さの磨いた棒を使う。彼らはどのような食べものでも、それで持ち上げて巧みに口に運ぶ。食べものに指を触れることはない。食べものの皿は、食卓に運ばれてくる時点で、卵や魚のように柔らかいもの以外は、あらかじめ細かく刻まれている。柔らかいものは、棒で簡単にほぐせる。

マテオ・リッチは、箸が優れた食事道具であることは認めたものの、自ら試してみたかどうかについては触れていない。やってみたところで、中国人と同じくらい巧みに使いこなせたのかどうかは分からない。マテオ・リッチにしてもそのほかの宣教師たちやヨーロッパからの旅行者たちにしても、一六世紀から一九世紀にかけて中国にやってきた白人たちはだれもが箸に興味を持って魅せられたし、試してみれば精神的な冒険まで体験できることを承知しているのだが、体験についてはほとんどだれも書いていない。指で箸をくるむように包み込んで、思い通りに動かすことなどできそうにないと思えるため、尻込みしてしまうのかもしれない。

だがヨーロッパ人のなかにも、この食事方法に感心はするものの、それほど洗練されていないと感じる者もいる。スペイン人でセント・オーガスティン派の宣教師マルティン・デ・ラダ(一五三三〜七八)は、スペインからフィリピンに渡り、明代の中国南部に入った。彼も箸を使う様子を見て、これならテーブルクロスやナプキンは要らないと実感した。だが彼は、ガレオーテ・ペレイラやマテオ・リッチほどは箸に強い印象は受けなかった。デ・ラダは、次のように書いているだけだ。

「食事が始まると、彼らはパンなしで肉を食べる。そのあと三、四種類のおかずと一緒に箸でごはんを食べる。その様子は、なんとなく不潔感を漂わせる」

その印象はおそらく、中国人は碗を口のところまで持ち上げ、こぼさないように箸で掻き込むからではなかろうか、と思える。

イギリス人の商人ピーター・マンディ（一六〇〇〜六七）は一七世紀にインドから中国南部に入ったが、中国人たちが巧みに箸を使いこなす姿を見て感心はしたものの、この食事方法にはあまり賛成していない。彼はアジアおよびヨーロッパ各地の旅行記を何巻もの本にまとめていて、中国人の食事風景をイラスト入りで紹介している。碗を持ち上げて箸で口に掻き込む姿は、次のように描写されている。

大運河の船頭は箸（長さは三〇センチくらい）を取り上げ、二本の指ではさんで動かし、肉を取り上げた。肉も魚もあらかじめ小さく切り刻んであり、彼らの常食である柔らかいコメのごはんとともに食べる。彼は箸でこれらをすごいスピードで口に掻き込み、満腹したところで止める。……私たちと同じく、彼らもテーブルで食べる。

マンディは、さらにこう書き足している。

「彼らは小さく刻んだチキンとブタ肉を持ってきて、箸で食べてみろと勧めた。だが私たちは箸は使えないので、指で摑んだ」

箸がチョップスティックスと訳された理由

ピーター・マンディは中国人が箸を巧みに使いこなすことにそれほどびっくりはしなかったが、彼は箸の英語名として「チョップスティックス」という単語をはじめて使ったイギリス人として記録されている。マルティン・デ・ラダもチョップスティックスという単語を使ってはいるが、それはスペイン語から英訳されたときのことで、マルティン・デ・ラダの原文では、いまでもスペインで使われている「パディッリョス」を使用している。語源辞典の説明によると、チョップスティックスというのは中国のくずれたピジンイングリッシュで、チョップは広東語で「早く」の意。それが「棒」という意味の英語「スティックス」の接頭辞になっている、という説明だ。想像するに、イギリスと広東人の合作だったのではなかろうか。マンディが状況を記録に残したころには、チョップスティックスという単語がもう定着していたものと思われる。

それから三〇年あまりが過ぎたころ、同じくイギリス人の旅行家ウイリアム・ダンピア（一六五一〜一七一五）は自著『航海と見聞』（一六九九）で、箸について次のように記している。

「この食事道具は、イギリスの船乗りたちの間ではチョップスティックスと呼ばれている」

そうなると、英語では一七世紀にはチョップスティックスが箸を意味する単語として定着していたことになる。ところがヨーロッパのほかの言語では、「スティック」の個所だけがそれぞれの言語で用いられていた。たとえば、フランス語ではバゲット、スペイン語ではパディッリョス（ラダが用いていた表記）だ。ドイツ語ではウシュテプヒェン（食事用の棒）、イタリア語ではバチェッテ・ペル・イルチーボ。ロシア語ではパロチッキ・ドエイオ・エディ（ともに食べもの用の棒）になる。興味深い例外はポルトガル語で、日本語と同じく「ハシ」だ。一六世紀に、イエズス会の宣教師が日本から持ち帰ったことばだ。

一八世紀からは資本主義が発達したおかげで、ヨーロッパでもアジアに対する関心が大いに高まり、とくにアジア大陸はヨーロッパ製品の大きな市場と認識されて重んじられた。ところがアジアの文明や文化は軽んじられ、とくに箸の習慣などは無視された。イギリスの外交官ジョージ・マカートニー（一七三七〜一八〇六）は、中国・清王朝（一六三六〜一九一ニ）の門戸を開放させ、箸の代わりにフォークとナイフを使うことを要望した。マカートニーは中国に使節として滞在中、中国の高官や官僚と数多く接触したが、その印象として、「彼らはインテリで、姿勢やしゃべり方も肩肘張らずに語り合えた」と記している。彼が接待した宴席の様子は、次のような具合に記されている。

「彼らは、私たちと同席した。最初はナイフとフォークにいささか戸惑った様子だったが、すぐに要領を覚え、器用に使いこなした」

マカートニーはいくらかお世辞を加えているかもしれないが、この筆致から推察すると、イギリスの食事習慣のほうが優れていて、より文明化している、という意識が見え隠れしている。中国も見習ったほうがよろしかろう、という言外の含みがほの見える。一世紀ほど前の同じイギリス人ピーター・マンディと比べると、マカートニーは箸という食事道具にあまり興味を持っていないし、感心もしていない。中国人や満州人（彼は「タルタル」と呼んでいる）の食習慣として記述しているだけだ。宣教師たちが示したような興味は覚えず、以下に引用したように、清時代の事実を記録するにとどまっている。

彼らは、食事の席にタオルやナプキン、テーブルクロスさえ用意していないし、平らな皿、ガラスコップ、ナイフやフォークもない。手食ないし、箸を使うだけだ。箸は木や象牙でできていて、長さ六インチ（一五センチ）ほどで、丸く磨いてある。あまり、清潔だとは言えない。

つまり主張したい点は、中国の食習慣はヨーロッパ流の食事道具を使わないのだから、文明化されたものとは言いがたく、箸は清潔ではない、というのがポイントだ。マカートニーの論旨には希望と誇りが込められていて、さらにこう続く。

「あまたの中国人の友人と付き合って、おおむね好結果を生んでいる。おそらく、さらに要求することになるに違いあるまい」

箸を軽視しがちだったヨーロッパ

マカートニーの使命は中国に交易の窓を開かせることだったが、その点では成功しなかった。イギリスの要求は、清六代の乾隆帝(けんりゅうてい)（在位＝一七三五〜九六）に拒否された。皇帝は中華思想を堅持し、中国は世界文明の中心地だと信じていたからだ。だがそれから半世紀ほど経って、イギリスは清王朝の門戸開放に成功した。清朝はアヘン戦争（一八四〇〜四二）で敗北したあと、不平等な南京条約を締結せざるを得ず、欧米諸国は中国に滞在して交易に携わることが可能になった。歴史の分岐点になるアヘン戦争を機に新たな時代が始まり、ヨーロッパとアジアの交流があらゆる面で盛んになる。

マカートニーは中国やアジア全体がフォークとナイフを使うことを望んだが、それは実現しなかった。一九世紀を通して、数多くのヨーロッパ人が中国にやってくるようになり、中国人から親切なもてなしを受けるうちに、中国の文物に興味を抱く者も出て、アジアの食べものや食習慣にも適応できるようになってきた。そしてピーター・マンディのように、箸の使い方を中国人から学ぶ西欧の商人も一九世紀には増えた。アヘン戦争が始まるまで、外国の商人たちは中国の商人を通じて商品を中国に売り込まなければならなかった。したがって中国の商人や役人と交渉する必要があった。アメリカのビジネスマンW・C・ハンターは、仲間とともに中国人の通商相手とときどき「箸の夕食会」を開いた、と書き残している。これは中国式の夕食会だから、ハンターの記録によると、「とても楽しい会食」だったという。彼も同僚たちも、箸を使って食事したに違いない。

南京条約のあと、中国人は西欧人と接触する機会が増えた。その西欧人が欧米に戻ると、中国の食事道具を実物で示して広める役割も果たした。その好例が、イギリスの作家ローレンス・オリファント（一八二九〜八八）だ。彼は外交官で、旅行家でもあった。彼は一九世紀半ばに、中国大使だったエルギン伯爵の秘書を務めていた。箸を紹介して、彼は次のように記している。

中華料理店ではじめて中国の食事道具で奮闘して疲れたので、ひと息を入れて気分転換した。中華料理ははじめてだし、箸も初体験だったが、なんとか使いこなせた。一年間も粘土のなかに寝かせてあった皮蛋（ピータン）卵や、フカひれ、大根を煮詰めて作ったポタージュ、なまこ、エビをすり潰してウニとあえたもの、タケノコ、ニンニク。これらには、辛みや香辛料の味付けがしてある。焼酎とともに、これらの料理を流し込む。皿はみなきわめて小さく、ナプキン代わりに四角く茶色の紙が用意されている。

この一文からもうかがうことができるが、オリファントは明らかにエキゾチックな中華料理の宴席を楽しんでいた。さらに言えば、彼は箸をうまく使えたので喜んでいたようだ。このような体験があったため、次に地方の役人から宴席に招かれたあとには、次のようなコメントを残し、「中国の食事道具のほうがよりエレガントで、箸は洗練された道具で、ナイフやフォークのほうが泥臭い」とまで称賛している。

私は幸いにも、上海で監督官と知り合いになれた。彼は、かなりのインテリだ。あるとき、彼と食事する機会があった。この会食は、よくありがちな単なる儀礼的で簡単なものではなく、本格的な晩餐だった。ツバメの巣のスープから始まり。フカひれ、ナマコと続き、アントレとしてはマトンや七面鳥が供される。これらはサイドテーブルで一口サイズに切られ、優雅に箸で盛り付けられる。それに比べると、ナイフやフォークは粗野だ。自分の皿でそれぞれが切る代わりに、私たちも中国食事道具の利点を採用すべきではなかろうか。

マカートニーと違って、ローレンス・オリファントは早い時点で、中国の箸のほうが文明化していると認識していた。彼はさらに、食べやすいように食べものが細かく刻まれて箸で口に運ばれる点にも、感心している。

箸の利点に気づく外国人の増加

箸を試してみようと思ったヨーロッパ人は、もちろんオリファントだけではない。一九三五年にアメリカ人女性のコリン・ラムは、中華料理のクックブック『中国お祝いの会』を英語で出版した。彼女は中国を広く旅行したようで、五〇種のレシピを紹介している。それに加えて、中国における食事の習慣や作法、食文化に関する諺(ことわざ)まで紹介している。ラムは中華料理に精通していたため、それまで誤り伝えられてきた通説を、著書の冒頭で正している。たとえば、中国の穀類はコメだけだと考えられているが、それは間違いだとか、日常的にネズミが食べられていると言われるがそれは事実ではないなどの指摘だ。コメを食べているのは中国人口の五分の二だけで、小麦、大麦、ミレット類も主要な穀類であると記している。ネズミに関しては、中国南部でヘビを食べることはあるが、ネズミは食材ではない、と明記している。

オリファントらも書いているが、ラムも食材があらかじめ「薄く切られたり、細かく刻まれたりして、口に入れる際にさらに細分化する必要がない」状態になっている点を特記している。したがって箸さえあれば不自由なく食事できると、次のように評している。

最初の段階では、諸外国のテーブルマナーと同じで、別に面倒な点はない。私たちは箸を「チョップスティック」と呼んでいるが、中国語では「筷子」。字義通りに訳せば、「すばしこい男の子」だ。箸の動きは素早いので、適切な名称だ。二本が対になっている棒の箸を各自が持ち、小さな陶器の匙も用意されていることが多く、なければ要求できるが、これはスープなど汁をすくうための道具だ。一人に一つの碗が用意され、これで配膳はすべて完了。アメリカの主婦はたくさんの皿を洗うのにうんざりしているが、こちらは最小限ですむ。テーブルクロスもないから、もう一つ面倒が省ける。

ラムは細部まで書き込んでいるから、本に記載されている中華料理のメニューも自らうまく作ることができたに違いないし、箸づかいも巧みだったのだろうと想像できる。アメリカ・ロサンゼルスのチャイナタウン内にある中華料理店では、中華料理を箸で食べてもらうよう互いに奨励し合っていて、「これは清潔だし、デリケートな食べ方ができる食事道具だ」とPRしていた。

コリン・ラムは箸にご執心だったが、皮肉にもそのころお膝もとの中国では、箸に対する疑念も芽生え始めていた。中国は二〇世紀を通して、社会の近代化を目指して進んでいた。中国は「アジアの病人」などと蔑称され、なんとか「病状を回復」しなければならなかった。日本も一九世紀末には似たような状況に置かれていて、やはり努力を重ねていた。たとえば、「生命を守る」ために「衛生観念」が必要とされ、しかるべき措置が取られた。中国も同様で、一九三〇年代には結核が大きな脅威だったから、「命を守る」ことは大事業だった。中国で結核が猛威を振るっている主な原因は、日常的に劣悪な衛生環境のなかで暮らしているためだ、というのが中国内外の医療専門家たちの共通した見方だった。食習慣でやり玉に挙がったのが、なんと中国人自身が一九一〇年に指摘した、「共通の鍋から箸を使って個々の口に運ぶ習慣」だった。

二〇世紀の初頭、中国では結核と並んでもう一つ闘うべき胃腸疾患の難題があった。環境を変えるため、中国の医療当局は食習慣を変える方針を進めた。欧米からの旅行者たちも注目していた中国の食哲学「医食同源」の思想がある。この考え方は、朝鮮半島や日本、ベトナム、ほかのアジア諸国にも共通している。ヨーロッパ宣教師たちの見方によると、一見すると健康的に見えるかもしれないが、裏返せば「衛生科学」が欠如していることにほかならない。中国でも当然、伝染性の病気であることが認識され、さまざまな防止策が検討された。だが食事をともに摂る習慣に根源があるとは、多くの人が気づかなかった。

中国では共食の衛生面に懸念

コリン・ラムが食事道具としての箸を称賛してから何年かが経って、二人のイギリス人作家W・H・オーデン（一九〇七〜七三）とクリストファー・イシャーウッド（一九〇四〜八六）が戦時下（日中戦争）の中国を一九三八年に訪れて、箸の状況も報じている。

中国人の食卓をちらりと覗くと、とても食事風景とは思えない。まるで、水彩画を見ているような感じだ。箸が、絵筆のように並んでいる。小皿には、赤、緑、茶色のソースが入っている。碗は蓋をされているが、筆洗みたいに水が入っているんじゃなかろうか。そしてまるで筆拭いのように汚れた布の上に箸が置かれている。

二人は箸が使われている状況を描いているし、中国滞在中には、ナイフやフォークを用意してもらっても、それを断って箸での食事を試している。二人とも、食前に手や顔を拭く熱いおしぼりを受け取って気に入り、ヨーロッパでもこの習慣を取り入れたらよかろう、と記している。

彼らの記録は中国の食習慣をありのまま好意的に描いていて、別におべっかを使ったようには思えない。だが会食中のだれもが競って箸で食べている描写だけで、共食の皿を通じて病原菌が広まっているのを危惧している様子は見えない。コリン・ラムも自著で書いているが、食事が始まると「食材は会食に集まった全員のものになる」。彼女は、さらにこう続ける。

「共用の大皿から好みの食べものを拾い上げようと、あまたの箸が食べものに殺到する」

医療関係者や政府の努力のおかげもあって、中国でも衛生観念の重要性が認識されてきた。そのために、長い伝統のある合食のシステムが見直されるようになった。著名な言語学者・王力(おうりき)(一九〇〇〜八六)は、合食における「唾液交流」という表現を考え出し、ユーモアを込めて、次のように記した。

中国人は、相和するのが好きだ。食事における、唾液交流のおかげだ。個別に食べるほうが好きだという人もいるが、できるだけ多くの人で分け合って食べるほうがいいという人のほうが多い。合食の場合、主がまず自分の匙で汁をかき混ぜ、味見するためにすする。料理の場合も同じで、自分の箸で味見する。客人を招待している場合、主は自分の唾液が参会者全員の唾液と混ざっても、いっこうに気にしない。私が席に着くときに主をちらと眺めたところ、口のなかはツバでいっぱいだった。彼がしゃべったり食べたりするために口を開けると、上下の歯の間には糸を引いていた。箸はその糸の間をひんぱんに出入りしているが、その箸で食べものをつまんで私の皿にも配給してくれる。私が自分の箸でチキンソテーを自らの口に運んだときは美味だったが、主が彼の箸で取ってくれたものがまずかったのはなぜか。私など、主が親切さを示すべき範疇に入っていなかったからなのだろう。

相当に、皮肉がきつい。王力が描写している状況には、ジョークっぽい誇張がある。それに、これは個人的な体験だ。分配用の菜箸が使われるようになったのは二〇世紀の後半だから、それ以前には、このような状況だったのかもしれない。親密さや親切さを示すために、主は自分の箸で客の取り皿に分配していたのだろう。だがこのような合食習慣に対する批判は、二〇世紀の初頭からあった。中国人が唾液交流を「楽しんで」いる状況を王力は皮肉っぽく批判したわけで、これはその一例にすぎない。刊行された随筆のなかにも同類の主旨のものが数多くあり、伝統的な合食には衛生面で問題がある、という指摘がよく見られる。「公食」を「不衛生」な習慣のトップに上げる人もいたし、改善策として「公筷」という取り箸の導入を主張する者もいた。

だが、合食ないし公食を直ちに全廃することはできなかった。2章でも述べたように、共通の皿や鍋から箸で好みの食べものを勝手に取るという方式は、中国では深く根づいた習慣だったからだ。この方式は現在でも、中国をはじめベトナムや韓国でも踏襲されているることになる。ベトナムで家族の合食に招待されると、箸を渡されて共用の皿から好みの食べものを取ることになる。ベトナムでは、取るための菜箸が用意されていることはめったにない。だがごはんに限っては、個々の碗に女性が盛ってくれる。韓国では合同会食の場合、取り箸と取り匙の両方を使って食べものを自分用に取るので、その光景を見た中国人は奇異な感じを受けた。中国では、箸だけで用心深く取るからだ。

「唾液交流」を避けるために

したがって、問題を打開する妥協案が必要だった。医学者のなかには二〇世紀のはじめ、人びとが公食における衛生上の問題を意識するようになる前から、懸念を感じて対策を考えている者がいた。一九一〇年代の末、ケンブリッジ大学で医学を学んだ医師・伍連徳(ごれんとく)(一八七九〜一九六〇)は「衛生食卓」(別名「レイジー・スーザン(なまけもののスーザン)」)と呼ばれる方式を考案した。衛生上のポイントは、個人別の皿を用意すること。あらかじめ配膳された食べものを食べるか、取り箸でセルフサービスで分け取りするか、のオプションだ。だがこの方法は、彼も認めている通り、中華料理を楽しむ最善のやり方だとは言えない。もう一つの妥協案は、共通の料理皿から自分の皿に分け取りするときに、取り箸を使う方法だ。だがそれは面倒だし、混乱が起き(個人箸と取り箸を混同しかねない)、食事が楽しくない。だが伍連徳は、このレイジー・スーザン方式が伝統的な方法と衛生面を考慮した適切な解決法だと考えている。これにしたがうと、大きな共用皿にはそれぞれの取り箸(菜箸)が備えられている。丸テーブルを回転させて、好みの食べものを取り箸で自分の取り皿に分け取りする。これなら、唾液交流は避けられる。

一九七二年、アメリカのリチャード・ニクソン大統領は歴史的な訪中を実現した。このビッグニュースを、西欧のメディアは大々的に報じた。中国本土で共産党の政権が一九四九年に誕生して以来、中国人がどのように暮らしているのかも、はじめて世界に伝えられた。同時に、ニクソン大統領はこの訪中に当たって事前に周到な準備をしていたことも判明した。箸の使い方まで、練習してきたのだった。その努力は報われて、中国政府当局が主催した祝宴の様子をルポしたマーガレット・マクミラン記者は、次のように報じた。

中国とアメリカの国歌が演奏されたあと、祝宴が始まった。ニクソン大統領をはじめとするアメリカ代表団は、周恩来・首相ら中国側の首脳と二〇人の円形テーブルに着席した。ほかの面々は、一〇人用の円形テーブルだ。各人の名前が、象牙のプレートに英語と漢字が金文字で浮き彫りにされている。それぞれの箸にも、名前が彫られている。

アメリカ側の代表は、中国の宴席におけるマナーについて、ブリーフィングを受けていた。箸を使っての、実習もあった。ニクソン大統領も、まずまず器用にこなしていた。だが国家安全保障問題担当大統領特別補佐官のヘンリー・キッシンジャーは、気の毒なほどもてあましていた。CBSニュースのアンカー、ウォルター・クロンカイトが、何かナレーションをしゃべっている。

回転する円形テーブルに載っている皿には、薄い北京ダックの皮にパイナップルを和えたもの、エビ、フカひれ、餃子、甘いケーキ、焼き飯など、それに西欧ふうの料理にパンとバターもあり、レイジー・スーザン方式で取れるようになっている。*

*原注＝別の報道によると、ニクソン大統領は北京ダックの皮をつまむのにも大いに苦労していた、とある。

伍連徳の「衛生的な食卓」、つまり「レイジー・スーザン方式」は、効果的だった。現在、中国やアジア諸国では円形テーブルの、この方式がごく一般的になっている。公式の晩餐会でも、レイジー・スーザン方式が不可欠だ。これだと、たくさんの料理を少しずつ楽しむことができる。中国では祝宴は大事な儀式で、その状況はマテオ・リッチが一六世紀末に描写したころから現在まで変わっていない。

ニクソン訪中の状況は西欧メディアによって細かく報道されたが、レイジー・スーザン方式にしたがって、だれが取り箸や取り匙を使って給仕したのかについての記述はない。国賓を招いた席なのだから、お偉いさんたちが自ら取ったのではなく、ウエイターが取り分けたに違いない。賓客たちは、自分の皿から口まで、箸で運べばいい。いま中国における公の席では、たいていは伍連徳の忠告にしたがって、取り箸と取り匙という公筷を使って大皿から各自の小皿に取り分け、その小皿から食べる。私的な会食でも、同じように主人が公筷を使って客人をもてなす。箸を使う人種が衛生面をつねに強く意識しているわけではないが、共用・私用という箸の役割分担はしっかりと心得ている。

使い捨て箸の流行と問題点

衛生感覚が広がって合食の伝統に変化が見られたことに伴って、レストランが用意する箸に対する受け取り方も違ってきた。これまでも述べてきたように、公共の食事場所（飯店、宿泊施設、喫茶店、レストランなど）には長い伝統がある。漢の時代から存在したし、太田昌子は『箸の源流を探る』で、春秋・戦国時代（紀元前四七五～二二一）にも食堂があったとしている。それが、箸の普及にも貢献したという。それが史実だとすれば、箸は安く作れるものだから、食堂でも客の便宜のために箸を準備したに違いない。だがその当時には衛生観念などはないから、箸の管理は杜撰（ずさん）だったことだろう。イギリスの女流作家イサベラ・バード（一八三一～一九〇四）は世界を歩き回り、一九世紀の後半にはアジアにも滞在した。彼女の日記には、中国の衛生状態は不潔だとして否定的な印象が記されている。貧しい労働者たち（彼女はクーリー（苦力）と表現している）は炉端の飲食店で食事するのだが、彼女によると次のような状況だった。

「各テーブルには、悪臭を放つ箸が竹筒にたくさん立ててある。旅人のためには、水の入った陶器茶碗と汚れた布が屋外に置いてあり、口をすすいだりする」

箸はどうやらきちんと洗われている気配はなく、汚れっぱなしらしい。

食べものに関する衛生意識が根づくにつれて、食堂の箸も清潔さを求められるようになった。店側としては、二つの解決策を考えざるを得なくなった。卓上に用意する箸を清潔に保つよう努力するとともに、客に安い素材の使い捨て箸を使用してもらう方法だ。後者の場合、一度、使ったらそのつど捨てる。いまのところ、この二つの方法がおこなわれている。だが、使い捨てのほうが人気がある。未使用なのだから、新品だという新鮮感と安心感がある。使い捨て箸は、たいてい二本がくっついたまま、紙かビニールの袋に入っている。食べる前に、客が二つに割る。この作業をすることによって、箸が新しくて清潔であることが実感できる。使い捨て箸を、中国語では「一次性筷子」とか「衛生筷」と呼ぶ。つまり、衛生的だというイメージが強い。それに比べてレストランで繰り返し使われる箸には、きれいに見えても一世紀も前にイサベラ・バードが評したように「悪臭を放つ」ようなイメージがつきまとう。

使い捨て箸は、日本で発明された。3章で述べたように、日本では古い時代に建設労働者が木でできた箸を食事後に捨てていたのではないか、と学者たちは考えている。一色八郎によると、使い捨ての割り箸が最初に現れたのは徳川時代の中期、一八世紀に魚料理の店が使い始めたという。割り箸はたいてい木でできているが、竹製もある。通常の箸よりやや短い。最近は、プラスチック製のものもある。日本は諸外国と比べて、はるかに使い捨て箸が使われている。高級料亭から町かどの飲食店まで、幅広く普及している。箸を使ったあとに捨てるのは、5章でも触れたが、神道の影響かと思われる。だが現代になって衛生観念が強くなってきたことが、広く受け入れられている主な原因だ。

使い捨て箸の人気は、一九八〇年代に日本から韓国に波及し、台湾や中国にも広がり、ベトナムにもゆっくりと浸透しつつある。だが、普及度は国によってかなり異なる。日本ではあらゆるレベルの飲食店で使い捨て箸を利用しているが、日本以外では小さなスナックやファーストフードの店、テイクアウトの店などに限定される。これまでのところ、使い捨て箸があまり喜ばれないのはベトナムで、ここではプラスチックや竹の箸を繰り返し使うほうを好む。韓国では金属の箸が愛好されるため、使い捨て箸は日本や中国ほどには普及していない。

中国では、使い捨て箸が歓迎されている。そればかりでなく、中国は使い捨て箸のトップ輸出国だ。別に、驚くべきことではないかもしれない。中国は一九七〇年代の末ごろから、「世界の生産工場」のような役割を果たすようになり、あらゆる商品を作って世界中に供給した。一九七〇年代の終わりには、中国の飲食店でも使い捨て箸の需要が大幅に増え、企業の食堂や学校の給食、町のレストランやスナックでも、従来の箸に代わって愛用されるようになった。材質は、木や竹、プラスチックなどさまざまだ。この爆発的な人気は、言うまでもなく衛生観念の意識が向上したためだ。中国当局は疾病が蔓延する事態を恐れて、使い捨て箸を奨励した。二〇年ほど前までは箸は繰り返し使うものとされた中国で、使い捨て箸の需要がウナギ登りになった。評論家のなかには、次のように見る者もいる。

「使い捨て箸はいまや、きわめて貧しい者や最高級のレストランを除いて、あらゆるところで使われている。貧しい者は、竹の箸をざっと洗って繰り返し使う。豊かな者は、抗菌の漆塗りの木の箸を使う。だが大部分の者は、使い捨て箸派だ」

そのようなわけで、使い捨て箸の需要は膨大で、さらに急増している。次のような計算がある。

「毎年、三八〇万本の樹木が、中国で五七〇〇万膳の使い捨て箸を作るために消費される」

アジアの食事が世界中に広まる

五七〇〇万膳のうち、半分が中国で消費される。残り半分のうち、七七パーセントが日本に輸出され、二一パーセントが韓国向け。二パーセントがアメリカの消費者向けだ。だが、さらに数字の多い概算もある。中国だけで毎年、四五〇億膳の使い捨て箸が消費される、という。二〇一三年三月の数字はさらにエスカレートして、年に八〇〇億膳が使い捨てされているという。

使い捨て箸の普及が、世界でアジア料理、とりわけ中華料理の普及につながっているという状況もある。アジアの人びとが近隣諸国に移住し始め、一八〇〇年代からははるか遠方のオーストラリア、ヨーロッパ、北米、南米にも進出するようになった。それに伴って、中華料理、アジア諸国の料理も世界各地に広がった。アジア料理は最初のうち、各地の港にできたチャイナタウンのなかでしか食べられなかった。アメリカで最も歴史があるのは、サンフランシスコのチャイナタウンだ。アジア系以外の人びとにとっては、とくに魅力のある場所ではなかったし、なんとなくうさん臭い感じがつきまとっていた。だがときが経つにつれて、とくに第二次世界大戦後は、アジアおよび中華料理はアジア系移民以外の人びとにも広く受け入れられるようになった。一九六〇年代からは、J・A・G・ロバーツによると「中華料理のグローバリゼーション」が起こり、ヨーロッパやアメリカで空前のブームになった。それ以後も、じわじわと人気が上がり続けている。アメリカではたいていの大都市に本格的な中華料理店が増えたし、全米各地にテイクアウトの小さな店がある。

客が食べものを注文すると、紙袋に入った使い捨ての箸がついてくる。中華料理に人気があるため、映画やテレビシリーズにもよく登場する。たとえば、「となりのサインフェルド」「フレンズ」「グレイズ・アナトミー恋の解剖学」「ER緊急救命室」などにも、中華料理の場面が出てきた。登場人物がテイクアウトの店から、使い捨ての箸で中華料理を食べながら出てくるシーンとか。もし箸がアジアと世界を結ぶ文化的な橋渡し役をしているのだとすれば、使い捨て箸はそのなかで最も重要な任務を果たしている。

だが世界中で使い捨て箸の需要が激増しているとなると、懸念される事態も出てきている。もともとは材木のあまった木っ端部分を有効利用しようという節約思想から発したのが使い捨て箸の根源の発想だったのかもしれないが、いまでは環境破壊につながるのではないか、と危惧する人たちもいる。アジアばかりでなく、世界中で森林伐採が進んでいるためだ。二〇〇八年の国連報告によると、一万八〇〇〇平方マイルにも及ぶ森林が毎年、アジアで消滅しているという。箸メーカーたちは、世界中で資源を獲得できる代替地を探しているという。それより前の二〇〇六年、日本・三菱グループ系列の子会社が、カナダ西部で樹齢一〇〇年を超えるアスペンの森林を伐採しているが、それは日産八〇〇万本の使い捨て箸を作るためだと報じられた。アメリカ・ジョージア州の企業が、地元のゴムの森林を伐採し、大量の木の箸をアジアに輸出している。

使い捨て箸の最大のメリットは、繰り返し使っている箸より衛生的だと見られている点だ。カナダの箸製作所の経営者によると、「他人が使った箸は使いたくない」という心理が根底にあるという。衛生的だという面に加えて、神道の観点に立てば、箸には使った者の精神がこもっていて、洗っても消し去ることができないと見る。これが、日本文化の根底にある。だが端的に言えば、消毒していない箸は使いたくない、という心理がある。中国で食品に関する衛生観念が浸透してきたのはごく近年のことだが、多くの人びとは食堂で用意されている箸がきれいに洗われているとは信じていない。だから使い捨て箸のほうが衛生的だと考えてそちらを選びたがる。しかし、使い捨て箸がつねに衛生的だとも断定できるだろうか。確かに使い捨て箸が工場で生産されるとき、一つずつ袋に詰められる前に消毒はされる。皮肉なことだが、それまでの生産工程でも、パラフィン防水加工、過酸化水素による殺菌・消毒加工、防虫剤処理などを受ける。さらに木が変色せず新しく見えるように、二酸化硫黄で抗菌加工して磨かれる。これらの化学薬品は人間の健康にとっては有害で、しかるべき監視下になければ使用できないものだ。中国当局はいまでは使い捨て箸の生産基準を設け、これら化学薬品を禁じたり、使用制限を設けたりしている。だが使い捨て箸は安い木材を使うため、見てくれをよくするために漂白したり磨いたりしないといけない。それには、化学薬品を使うのが最も安上がりの方法だ。使い捨て箸は大量生産されるが、管理が行き届いた大工場で生産される商品ではないため、当局の目が行き届きにくい。たいていは零細企業が請け負い、ニュース報道によると劣悪な環境で生産されている。

「自分箸」を再利用する運動

使い捨て箸はアジア料理を世界中に広めるうえで大いに貢献したのだが、弱点も持っていた。清潔さが受けた反面、環境破壊のそしりも受けた。人気が出たために、過剰な森林伐採まで引き起こした。清潔さに対する疑念はあるものの、こちらはそれほど問題視はされていない。製作工程上で問題点が追跡調査され、改善策が講じられてきた。使い捨て箸が深刻な森林伐採を加速させているかどうかの危惧については、さまざまな見解がある。中国は使い捨て箸の大生産国で、この産業が輸出ブームの一翼を担っていた。中国北部が生産の拠点で、従事労働者は一〇万人を超える。黒龍江省にある木筷工業協会によると、むしろ貢献度が大きいと言う。

「この森林地区で大量の雇用を創出しているし、三〇分ほどで使い終えてしまう使い捨て箸づくりのために、貴重な木材資源を伐採などしていない。材料にしているのは、カバやポプラなど成長の早い樹木で、竹と同じくほぼ無限にある。つまり、初期の日本の場合と同じように、ほかの産業では利用できないあまりもので作っている」

そうは言っても、何しろ世界中で膨大な需要があるので、環境問題の懸念は残る。環境運動の活動家の推定では、中国だけで年間、四五〇億膳の使い捨て箸を消費している。それをまかなうためには、二五〇〇万本を切り倒す必要がある。カバやポプラだけでは足りず、トウヒやアスペン（ヤマナラシ）も倒されている。二〇〇六年までに、主生産国の中国は一八万トンの使い捨て箸を輸出している。最大の輸入国は、日本だ。日本は国土面積の六九パーセントが森林で、世界で最も緑の比率が高い。ところが中国の森林面積は一四パーセント以下だから、樹木が不足している。もっとも、中国で森林伐採が進行しているのは、現代化が急進行しているのが大きな要因で、使い捨て箸のせいばかりではない。だが事態を憂慮している市民や何人かのポップスターたちが、「箸を繰り返し使う運動」を展開している。グリーン運動を推進している活動家たちは、BYOC（Bring Your Own Chopsticks＝自分の箸を持ち歩く運動）を呼びかけている。外出する際には、自分の箸を持って出ようというキャンペーンだ。日本でも、同様な運動が起きている。北京では、二〇〇七年に木の箸が課税対象になった。

使い捨て箸のために木材が浪費されている実情を世間にアピールするため、二〇一一年の末に中国で二〇〇人の大学生が行動を起こした。彼らは東アジア・グリーンピースのメンバーで、八万二〇〇〇膳の使い捨て箸を集めて「使い捨て森」に四本の高さ五メートル近い大樹を組み立てた。人出の多いショッピングモールなので目立ち、そこで禁止嘆願の署名運動も展開した。上海や北京などの大都会では、レストランに使い捨て箸を止めるよう要請している。日本でも、客から要請がない限り、最初から使い捨て箸を出すのを止めるレストランが増えている。食堂でも、テーブルの箸立てにたくさんの箸を用意しているところが目立つ。企業の社員食堂でも、使い捨て箸を止める傾向にある。

またアジア諸国では、使い捨て箸のリサイクルも真剣に試みられている。素材は木だから、日本では集めた使い捨て箸を潰して紙やティシューペーパー、ダンボールなどに再生している会社がいくつもある。科学者のなかには、使い捨ての木や竹の箸を気化させて水素エネルギーに転化させる研究に取り組んでいる者もいる。あるいは、廃箸からグルコースを抽出してエタノールを作るとか、繊維質でポリ乳酸（ＰＬＡ）を作って産業用ないし薬品用のポリエステルに転用しようと努力している者もいる。これらの再利用方法は、まだ研究段階だ。だが注目すべき方向性だし、可能性を秘めている。何しろ一五億もの人びとが、口に食べものを運ぶ道具として箸を使っているのだから、研究材料はふんだんにある。やがて、アジアおよび世界中の箸使用者に福音がもたらされることを期待しよう。使い捨て箸の有効な再利用方法が確立されれば、箸のサイクルが完結する。箸は長期にわたって、便利で安上がりの食事道具として愛用されてきた。この二つの長所は、これからも人類の役に立っていくことだろう。

まとめ

箸の本を書き終えるに当たって、私自身のことを少しお話ししておこう。私が四歳か五歳のある日の午後、キャリアウーマンとして多忙だった母は私をすわらせ、箸の正しい使い方を教えてあげる、と言った。中国に生まれた私は、そのころにはもちろん箸や匙を使って不自由なく食べることができた。だが母は、そろそろ正しい箸の使い方を身につけさせるべき時期だと考えた。母はしかるべき箸の使い方を、積み木をつまみながら教えてくれた。その午後のしんどい特訓で、私は自分が思い通りにはモノを摑めていないことを改めて知った。でもしばらくするとコツを会得し、以後ずっと正しく箸を使い続けている。

この幼児体験は、私たちの世代ではごく当たり前の通過儀礼だったらしい。長じてみると、だれもが同じような箸使いをしていた。もちろんなかには、個性的な箸使いをする者もいた。だが私が母から教わった箸使いは優雅だと思えたし、効率もよかった。この何十年か、私は仕事としてもアジア諸国を旅することが多かった。多くの日本人、ベトナム人、韓国人が、私と同じような箸使いをしている。箸文化圏は広域にわたるのに、箸を使って食べものを口に運ぶ方法を、どうしてわざわざ学ばなければならないのだろうか。

その質問をはじめ、読者が抱くその他の疑問に対して、私が明快な答えを見つけられたわけではない。たとえば、箸の正しい使い方マニュアルを書けたわけでないが、私の母が教えてくれた箸の使い方は、おそらく母が幼かったころに両親から教えてもらったことを私に伝授してくれたものに違いない。そのような形が箸文化圏のなかでどれくらい前から継承されてきたのか、定かではない。私に分かったのは、以下のような点だ。箸を巧みに操って食べものを口に運ぶためには、スプーンやナイフ、フォークの使い方を学ぶより面倒で訓練が必要だが、中国人やアジア箸文化圏の人びとが箸を使う理由はいくつも挙げることができる。まず、当たり前すぎる理由だが、食事の道具としての機能だ。フランスの文化人類学者クロード・レヴィ＝ストロース（一九〇八〜二〇〇九）は、独創的な著作『生（なま）と調理』のなかで、「半生」は人間と自然界、あるいは文明と自然の境にある、と分析した。彼にとって、半生は文明化の途中経過だ。この著作でレヴィ＝ストロースはいくつもの異なった文明を取り上げて比較したうえで、調理ないし調理をイメージさせる行動をしただけでも、人間を生理学的に「生から調理に」変化させる力があると主張する。レヴィ＝ストロースは、次のように定義づける。

「社会グループの一員としての個と自然との結び付きは、調理の火を通して融合する。火の任務は、生の材料と消費者としての人間を結び付けることで、それによって自然界の生物は調理されて社会化された存在になる」

「生」から「加熱」への文化的プロセス

中国語の「生」と「調理された＝熱」は二つの対立概念で、古代中国では文明発展レベルの違いを評する際にも比喩的に用いられた。つまり成熟した社会は「調理されて」おり、文明化された社会の周辺に取り残された粗野な社会は「生」の状態だ。「中国」は中国語で「ゾングオ」で、英訳はMiddle Kingdom（中華帝国）。だがこの語は、地理的には中央と周辺地域の双方を指す。中国史では伝統的に北部が文明の中心で、アジア大陸のほぼ真んなかに当たる。その中心部と対称的な周辺部を対比させる場合にも、「生」と「調理済み」を使う。つまり、文明の成熟度を比べる際にも、「生」で食べるか「調理して」食べるかの対立概念があり、この対語が適用される。「茹毛飲血」という表現があって、毛のついたたまま（つまり生）の野獣肉を食べ、新鮮な血をすするということで、北部モンゴル族や長江（揚子江）以南の蛮族を卑下して使われた。オランダの歴史学者フランク・ディコッター（一九六一〜）は、こう評している。

「生肉を食べるということは、生理学的に野蛮であることの証左であると見なされた」

中国人は肉を焼いて食べることを好んだし、血ではなく水を飲んだ。それも、冷たい水ではなく、沸かすか湯冷ましを愛好した。唐時代になると、中国全土で茶を飲む習慣が広まった。その後、茶は東アジア諸国からさらに広域に広まった。中国人が調理した食べものを口にすることで生肉を食う近隣の蛮人に対して優越感を持った意識と似たようなことが、水の代わりにお湯を沸かして茶の葉を加えて飲む習慣も、生の水を敬遠して差別化する習慣と共通していたのかもしれない。茶を飲む風習は、「はじめに」でも触れたように、食事道具としての箸の普及に、アジア全域でプラス要因として働いた。

クロード・レヴィ＝ストロースの論旨を援用すれば、食物を調理したりお湯を沸かすことは、自然の状態から文化へと引き上げることを意味する。その過程で、食事道具である箸も大いに活躍の場を与えられる。この点が、本書の二つ目の視点だ。レヴィ＝ストロースによると、焼くことと煮ることには、大きな懸隔がある。言うまでもなく、この二つは調理の基本だ。だが彼の区分によると、「焼くことは自然の側に立つが、煮ることは文明の側に立つ」からだ。なぜかと言えば、煮るためには容器が必要で、「これは文化がもたらすもの」だからだ。焼くにも煮るにも火が必要だが、焼く場合には食材を直接、火にさらす。これは、自然のやり方だ。ところが煮るときには、文化的な仲立ちがなければならない。中国人は食べものを運ぶ食事道具としての箸を文化の産物、ないし文化的な象徴だと考えた。唐時代の中国は、遠くは中央アジアなどとも接触が多く、二世紀には仏教も東アジアに入ってきて、異文化交流がかなりおこなわれた。中国の仏教徒はインドや東アジア、東南アジアの仏教国を巡礼したが、朝鮮半島や日本の仏教徒たちは唐にやってきて、長く滞在する者もいた。中国を訪れた多くの者が、いまだに手食している者が多数いることに気づき、記録に残した。だが唐の文化的な努力も実を結んで、状況は大きく変わり始めた。それから数世紀の間に、この本に記したように、箸文化圏が広がって定着した。アジアでは、多くの人びとが箸になじんだ。

東アジアの人びとが、道具を使って食事することが文化的な営みだと感じたとしても、箸の普及を推進したのは食事内容が変化したことが主な原因であり、それを助長したのは準備段階における食材の細分化、それに地域別の食糧消費パターンの変遷などの要因だった。炊いたごはんが主食の中心で、これは粘り気があるために、二本の箸でまとめやすい。

そのために箸が広く使われるようになり、穀物もおかずも箸という道具だけで食べるようになった。この習慣は、いまでは東アジアや東南アジアで広く見られるが、このように広域で定着した時期は一一世紀にまでさかのぼることができる。だが広く普及する推進力になった時期は、中国全土で小麦粉を使った食品に人気が出た一一世紀以後のことだと思える。とくに麵類や餃子が広まると、それまで愛用されてきた匙に代わって箸が主役になってきた。つまり主要食品の変遷と食材の事前準備段階が徹底してきたために、箸の使い勝手がよくなって、だれもが愛用するようになった。小麦の栽培と消費量の増加によって、箸が普遍的な食事道具になって普及した。

ほかの食事道具と比べて、箸には明らかな利点がある。安く手に入るし、周囲にふんだんにあるさまざまな素材から作ることができる。そのため、箸は「下克上」に発展してきた。箸は社会の上層部から広がったものではなく、上流階級は別の食事道具を持っていた。箸が普及した裏には、食卓マナーの向上があり、衛生上の懸念も作用した。私は箸の使い方マニュアルを書いたわけではないけれど、時代の変遷に伴って、過去にまとめられた文学作品を紹介しながら、孔子時代から紀元前五世紀ごろの作法や習慣の変遷もたどってきた。初期の教則本は、見てくれや行儀の良さが主眼だった。その裏には、食べものを清潔に保つ衛生上の意識も存在した。食品の消費に関するこの点は、貧富に関わりなく共通した心配ごとだ。箸には形の多少の違いや使い方の上手下手はあっても、好みの食べものをつまみ出す機能は共通している。そのためには訓練が必要だし、基本的な作法も身につけなければならない。

これまで見てきたように、行儀作法に関しては、箸文化圏のなかでかなり共通した部分がある。たとえば、箸文化圏以外の人たちも最初に気づくのだが、いったん箸でつまんで口にしたものを、ふたたびたれに漬け直す「ダブル・ディッピング」をしてはいけない。だが、それほど厳格に禁じるべきことなのだろうか。もちろん正しい方法にしたがっていれば、心配はないだろう。確かにむかし、たれを共用していた場合には衛生上の懸念があったに違いない。だがいまでは使い捨ての木の箸が普及していて、過度の森林伐採に対する懸念はあるかもしれないが、衛生上の心配はない。プラスチックの使い捨て箸は木より腐敗しにくいから、環境汚染のうえからは好ましくない。

最後にもう一つ、私が感じたこと。箸に関する英語の本はこれまで何世紀も書かれてこなかったが、箸を常用している者にとって、箸はあまりにも日常生活の一部に組み込まれすぎた。箸文化圏に生まれれば、この食事道具を使いこなすことは生まれたときからの基本的な体験で、不可欠な必需品だから、特筆すべきものではなくなっている。日本では、「箸は命」のように見なされている。ほかのアジア諸国でも、箸は人生のシンボルのように考えられている。これら地域の民話やおとぎ話、伝説や伝承に、箸がふんだんに取り上げられていることから見ても、それが納得できる。子どもたちは育っていく過程で、箸の正しい握り方や使い方を親たちから学び、それを次の世代に伝承していく。東アジアや東南アジアでは、何千年にもわたって、それが繰り返されてきた。箸は、生きている伝統だ。この伝統は、それ自体が生命を持っているかのように永続していく。

訳者あとがき

私が旅したことのある箸文化圏の国ぐにとしては、中国（香港を含む）、韓国、ベトナム、台湾、タイ、シンガポール、ミャンマー、カンボジア、ラオスがある。これらの国で「箸のある風景」を見ても、見慣れた食事場面なので、その点では異国情緒はあまり感じない。その他の国ぐにでも、中華料理店に行けば、なつかしい箸にお目にかかれる。

この本の原題は——

Q. Edward Wang, *Chopsticks: A Cultural and Culinary History*, Cambridge University Press, 2015.

本書は、その全訳だ。

著者が言うように、世界人口の五分の一あまり、一六億人が、箸を常用している。しかもグローバリゼーションの一環として、世界中にアジア料理とともに箸も広がりを見せつつある。だがその箸に、七〇〇〇年もの歴史があるとは、この本を読むまで知らなかった。二〇一五年の春にこの本を見つけ、読んでみたら面白かったのでレジュメをまとめ、日本語化に取り組んだ。はじめの部分は古代中国史を読んでいるような感じを覚えるが、この本が読みものとして面白いのは、さまざまな資料、文学作品、民話などに取り上げられている「箸物語」を数多く取り込んでいる点だ。箸がアジア近隣諸国に普及していく過程で、風習や伝統にはお国がらの違いが出てくるが、箸にまつわるマナーや行儀作法、それに二本が「分かちがたく結び付いて」いることを夫婦や恋人になぞらえて、祝儀・式典に利用されている状況は、箸文化圏では共通しているようだ。

箸は便利な食事道具だが、いささか練習が必要だ。食べものを突き刺すほうが、はさむより簡単なんじゃなかろうか、と思えるが、突き刺そうとすれば滑ってしまう恐れがあるし、はしたない。麺をすくうには、箸は確かに好適だ。でも、はさむというのはかなり「芸術的」な作業だ。むかし、親父が言っていたことを思い出す。――日本人は器用だから、渡米して食い詰めた日本人が、道ばたにすわり込んで、マメを一粒ずつ箸でつまんで碗から碗に移して見せ、感心した通行人から投げゼニをもらって生き延びたんだ。――真偽のほどは知らないが、子ども心には、そんなこともあり得そうな気がした。

この本では、使い捨て箸の流行がエコロジー問題を生んでいることにも話が及び、「箸百科」的な膨らみを持っていて、文化史の好読みものになっている。日本語化するうえでは、中国の固有名詞の漢字表記が頻出するので、グーグルや中国のサーチエンジン「百度（バイドゥ）」で検索してもヒットしない場合は、著者にメールして漢字を教えていただいた。この本には、日本人が書いた箸に関する資料や書籍も数多く引用されていて、著者はかなり長期にわたってアジア各地を取材している。

さて、訳了したので、私も筆を措いて、箸を取り上げよう。

二〇一六年春

仙名　紀

ホワイト，リン　8,106

ま行

馬王堆漢墓　70,71,73,77,92, 口絵 7
マカートニー，ジョージ　218-221,223
『枕草子』　121
マテオ・リッチ　214-216,232
マトン鍋（涮羊肉）　147,158-160,
真菜箸　123
真魚箸　127
迷い箸　167
饅頭　16,85,86-88
『万葉集』　117,122,123
ミレット類　14-16,30,46,4859,61,63,65,67,73,81,82,84,98,102,103,131,133,144,148,150,151,224
向井由紀子　10,71,113,114,116,118,144
銘々膳　153,163
夫婦箸　164,178, 口絵 21
孟子　23,24,47,76
モンゴル　8,91,95,104,134,135,137-139,147,159,160,181,247

ら行

『礼記』　30,43-45,47,48,52,54-58,61,70,75,76,141,165
ラーメン　86,90
利休箸　126
李白　196,197,204
龍虬荘　30-32,49,64,69, 口絵 2-3
林語堂　78
レヴィ＝ストロース，クロード　245-247
『論語』　46,47

わ行

和食　9,27,160,161,163
割り箸　28,234,235
ワンタン　86,89,90,147

女真　137,138,143,191
白木箸　107,125,183,184
真鍮箸　92,96,101,130,134,138
神道　124,125,184,185,191,235,239
『水滸伝』　155,205
『隋書』　116,117,122
すき焼き　160,161,172
ステンレス箸　96,107
スプーン　11,66,106,172,174,214,244
『斉民要術』　86,96,98,205
象牙箸　27,33,36,38-41,114,199201,203,214,220,231
素麵　90
そば　99

た行

タイ　9,17,64,66,145,200,211,212
大汶口文化　81
竹箸　19,28,40,41,64,71,91,92,96,107,114,121-124,174,183,206,211,235,236,242, 口絵 7
立て箸　185,186
ダンピア，ウイリアム　218
吃飯　14
チャンパ米　132,146
厨事類記　122,127
長寿箸　183
散り蓮華　174
使い捨て箸　28,29,118,120,185,233-242,250, 口絵 28
手食　8,9,12,13,17,21,23-25,37,45,54-56,66,70,71,73,75,103,106,117,136,137,188,219
東大寺　118,120,126
杜甫　102,203,205
取り箸　164,165,184,229,230,232
トルコ　16,91
登呂遺跡　117

な行

ナイフ　8,13,19,21-24,34-36,69,71,72,78,97,106,114,135,137,139,214,219,221-223,227,245, 口絵 9
涙箸　26,167,169
ニクソン，リチャード　230-232
『日本書紀』　120,123
塗り箸　125, 口絵 27
ネパール　9
舐り箸　167,172

は行

包子　86,88
白居易　100,198
箸杉信仰　124
橋本慶子　10,71,113,114,116,118,144
パスタ　16,90,91
バード，イザベラ　233,234
バルト，ロラン　20-22,105,140
ハンティントン，サミュエル　105,106
匕箸　14,73,142
ヒスイ箸　27,39,92,119,196,201-205
火箸　38,207, 口絵 8
『美味礼賛』（アンテルム・ブリア＝サヴァラン著）　68
フォー　111,112
フォーク　8,11,13,16,17,19-24,35,36,66,71 72,78,97,106,114,135,139,212,214,219,221-223,227,245, 口絵 9
福寿箸　183
藤原京　117,118
仏教　24,95,102,117,119,125,126,129,135,62,184,186,248, 口絵 10
プラスチック箸　28,29,185,235,236,250
分食制　152,155,161,163
餛飩　89
平城京　118,119
墨子　83

索引

あ行

飛鳥京　117
青木正児　144,146
石毛直道　81,91
イシャーウッド，クリストファー　226
板蓋宮遺跡　117,118
一色八郎　8,9,106,114,121,123,124,234
インディカ米　64,65,132,145,146
歌川国芳　口絵 16
『宇津保物語』　120
移り箸　167,186
延喜式　120
延寿箸　183
円仁（慈覚大師）　89,102,117,125,126
延命箸　183
お祝い箸　124,184,185, 口絵 22
太田昌子　43,233
お食い初め　183,185
オーデン，W・H　226
小野妹子　114,116,117,121,126
オリファント，ローレンス　221-224

か行

懐石料理　126,127
合食制　152-155,158,161-163,171-173,227-229,233, 口絵 13-15
唐古・鍵遺跡　117
鑑真　126
『韓非子』　39,41
キッシンジャー，ヘンリー　231
餃子　15-18,25,33,82,86-90,147,232,249
仰韶文化　81
共食　18,19,44,87,184,226,227
金箸　21,27,41,119,179,199-201,203,211
銀箸　27,41,91,92,93,96,97,120,122,127,130,132,134,179,200,201,203,214
金瓶梅　150,151,155
遣隋使　116
遣唐使　89,116
『広雅』　90
孔子　23,24,43,46,47,54,55,76,77,102,104,249
『後漢書』　83
黒檀　27,200,214
五穀　46-49,59,131
『古事記』　120,123

さ行

菜箸　123,127,228-230
探り箸　167,172
『三国志』　73,115,116,194
直箸　164,171
『史記』　63,68,69,72,79
『詩経』　49,50,157
司馬遷　63,68-70,75,79,109,112
しゃぶしゃぶ　158,160,161,172
ジャポニカ米　64,65,131,132,144-146
周達生　35,144
儒教　24,45,47,72,77,104,105,129,141,142,170
『周礼』　47,48,63
荀子　42
正月　110,111,183,184
『書経』　157

著者　**エドワード・ワン**（Q. Edward Wang）
1958年中国・上海生まれ。アメリカ・ローワン大学（公立。ニュージャージー州）および北京大学の歴史学（東洋史）教授。著書に、『中国伝統史学』（英文）など。

訳者　**仙名　紀**（せんな　おさむ）
翻訳家。1936年東京都生まれ。上智大学新聞学科卒業後、朝日新聞社では、主として出版局で雑誌編集に携わった。訳書に、『地球の論点』（S・ブランド、英治出版、2011年）、『文明』（N・ファーガソン、勁草書房、2012年）、『モナ・リザ・コード』（D・ヘイルズ、柏書房、2015年）など。

箸（はし）はすごい

2016年6月10日　第1刷発行

著　者	エドワード・ワン
訳　者	仙名　紀
発行者	富澤凡子
発行所	柏書房株式会社 東京都文京区本郷2-15-13（〒113-0033）
電　話	(03) 3830-1891［営業］ (03) 3830-1894［編集］
装　丁	小口翔平 (tobufune)
DTP	二神さやか
印　刷	壮光舎印刷株式会社
製　本	株式会社ブックアート

ISBN978-4-7601-4712-0

柏書房の関連本

ヌードルの文化史
クリストフ・ナイハード［著］　シドラ房子［訳］
四六判・上製360頁　本体2,800円
著者の深～いヌードル愛から生まれた本！

ぼくらはそれでも肉を食う――人と動物の奇妙な関係
ハロルド・ハーツォグ［著］　山形浩生・守岡桜・森本正史［訳］
四六判・上製368頁　本体2,400円
気鋭の動物心理学者が指摘する、人間の動物に対する誤解の数々！

モナ・リザ・コード
ダイアン・ヘイルズ［著］　仙名紀［訳］
四六判・上製368頁　本体2,400円
DNA鑑定で特定された本人の遺骨。彼女の正体から見えてきた謎を追う！

平均寿命105歳の世界がやってくる――喜ぶべきか、憂うべきか
アレックス・ザヴォロンコフ［著］　仙名紀［訳］
四六判・上製308頁　本体2,300円
再生医学・長寿医療の世界的権威が明かす「高齢化社会」の未来！

命がけで南極に住んでみた
ゲイブリエル・ウォーカー［著］　仙名紀［訳］
四六判・上製428頁　本体2,500円
極寒の世界で繰り広げられている、最新研究と日常生活のすべてを明かす！

いま地球には不気味な変化が起きている
クライメート・セントラル［著］　仙名紀［訳］
四六判変型・並製252頁　本体1,600円
地球の「いま」がわかる、最新の地球環境ハンドブック！

〈価格税別〉